右翼と左翼の源流

近代日本の地下水脈 II

保阪正康

はじめに　反体制運動を「地下水脈」で読み解く

「同時代」から「歴史」への転換点

本書が刊行される二〇二五年は、「戦後八十年」「昭和百年」という節目にあたる。これは単なる数字の節目ではなく、「同時代」から「歴史」への転換点に、私たち日本人が立ち会うということを意味している。

「同時代」から「歴史」へ——。それは具体的にはどういうことなのか。

第一に、さまざまな戦争や事件を同時代の出来事として体験してきた人々の「感情」や「情念」が消滅し、それらの出来事が「歴史」のなかに位置づけられるということである。私たちは日々の体験を、皮膚感覚と感情によって生々しく記憶している。しかし、それらを体験した世代がいなくなれば、歴史的事実だけが残ることになる。

第二に、その歴史的事実は、当事者の思惑を超えて後世に理解されるということである。たとえば太平洋戦争には、欧米列強による近代帝国主義を終わらせたという側面もある。

言うまでもないが、それによって戦前の日本軍部を美化するわけではない。また、戦争を主導した昭和初期の陸軍エリートたちは、そこまで考えて連合国相手の戦争を始めたわけでもない。だが、結果的に列強の植民地支配が終わり、米ソ超大国による冷戦構造という新しい世界史の時代が始まったのである。

第三に、私たちは「孫の世代」と対話する必要があることだ。同時代の記憶は、容易に風化してしまう。その結果、後の世代がとんでもない過ちをおかすこともありうる。

たとえば江戸時代まで、武士には武士道の美学があった。明治以降も、日露戦争で活躍した乃木希典の世代ぐらいまでは、その精神がたしかに息づいていた。しかし、近代的な軍人教育を受けた世代が主流になると、大きな断絶が起こる。主としてドイツから「戦術」を学ぶことに集中し、その背景にある「戦略」あるいは「軍事哲学」はないがしろにされた。軍内の人事や幹部選抜システムは、ペーパーテストによる成績一辺倒であった。

その結果、昭和初期の軍部エリートたちは近代的効率主義だけを追求する、人間性を忘れたモンスターのような存在に肥大してしまった。天皇という存在を極度に抽象化し、「天皇のためにクーデターを起こす」という、倒錯した論理をもつに至ったのである。

合流し、分流した地下水脈

ここで注目したいのは、陸軍青年将校たちは北一輝らが主導した国家社会主義という思想に強い影響を受けていたことである。結局、その延長線上に日本は悲惨な敗戦を迎えるわけであるが、こうした思想がどのように生まれ、なぜ陸軍内部に浸透していったのかを探ることが必要になってくる。

一方で、当時の知的エリートたちが惹かれた思想に、共産主義（マルクス主義）がある。明晰な論理性をもつ共産主義思想は、要素還元主義的なアプローチが科学を想起させることもあり、科学技術の発展と軌を一にするようにして支持を広げていった。しかし結局のところ、共産主義は日本には根づかなかったのである。

なぜ陸軍エリートたちは国家社会主義に傾倒し、失敗したのか？　なぜ共産主義は日本に根づかなかったのか？――それを解き明かすうえで強力な武器になるのが、「地下水脈」という視点である。明治維新の頃、日本が取りえた国家像は、大きく分けて五つあった。結果的に日本は欧米列強にならう帝国主義への道を歩み始めたわけであるが、それ以外の国家像を支えていた思想は、その後も日本社会で伏流水のように流れ続けている。地下水脈化した思想は、日本人の行動様式に大きな影響を与えている。ここに注目することで、国家社会主義や共産主義の失敗の理由が、より明瞭に理解できるのである。

　もうひとつ注目したいのは、いわゆる「右翼」「左翼」とも、その源流はまったく別のところに発しているわけではなく、ときには合流と分流もしてきたことだ。近代化、富国強兵政策による社会の歪みを目の当たりにした当時の人々は、「この状況を何とかしたい」という強い思いに駆られ、さまざまな社会運動に身を投じていった。相反する思想ではあっても、同じ問題意識を持ち、議論を闘わせることもあった。その象徴として、本書では明治中期から大正末期まで続いた「老壮会」にも注目してみた。

同じ轍を踏まないために

　昭和史を長年研究してきた私から見て、近年、肌寒くなるような現象が見られる。

たとえば二〇二四年の東京都知事選で小池百合子知事に次いで票を集めた石丸伸二氏が「ニューウェーブ」と話題になった。だが、彼の論法と居丈高な口ぶりは、かつての陸軍エリートを彷彿とさせる。新党を立ち上げるにあたって「政策」「理念」を提示せず、「実務能力の有無」だけを候補者に求めるという姿勢は、「戦略」「軍事哲学」を持たず「戦術」のみに執心した旧軍そのものである。

また、兵庫県の斎藤元彦知事が県政における公私混同やパワーハラスメントが露見して議会で不信任決議案が可決され、失職した。非を認めない斎藤知事の姿勢はさらなる猛烈なバッシングを呼んだが、SNS等で真偽不明の情報が流れだすと一気に情勢は逆転した。結局、斎藤知事は出直し選挙で再選されたが、「正義」と「不正義」がポピュリズムによって簡単に逆転するありさまは、五・一五事件の首謀者らを裁いた軍法会議とも酷似する。

近現代史をしっかり学んでいれば、これらの構図に容易に気づくことができる。同じ失敗を繰り返さないためにも、近代日本が歩んできた道に、今一度、目を向けてみたい。

その理解を助けるために、「地下水脈」という視点から、反体制運動の歴史を紐解いてみよう。

本書刊行までに栗原俊雄氏（毎日新聞編集委員）、西本幸恒氏（文春新書編集長）の多大な尽力をいただいた。深く感謝したい。

目次

右翼と左翼の源流　近代日本の地下水脈　II

第3章 国家主義者たちの群像

構成・栗原俊雄

第1章　反体制運動の源流

社会主義の灯を護った堺利彦

「右翼」「左翼」が生まれる以前

私たちは「右翼」「左翼」という言葉を普段なにげなく使っている。その色分けはかなり曖昧だが、右翼とは国粋主義的な思想や伝統的価値観に重きを置く人々のことを指し、左翼とは社会主義や共産主義に親和性のある人々のことを指していると考えてよいだろう。

だが、近代日本が始まった明治維新の頃には、今日的な意味における右翼も左翼も存在しなかった。幕末の尊王攘夷は国粋主義につながるが、当時はまだ日本が近代国家の体をなしておらず、私たちがイメージする右翼とはかなりの隔たりがある。左翼については、そもそもマルクス主義が本格的に日本に流れ込むのは大正六（一九一七）年のロシア革命以降である。マルクス登場以前の社会主義は、現在の左翼とは異なる部分が多い。

しかし、既存の国家体制に異を唱え、社会の不条理や不平等を正したいと考える勢力は、いつの時代にも存在した。日本社会の近代化が進み、それにともなうさまざまな歪《ひず》みが人々の暮らしに影を落とすようになるにつれ、体制への批判勢力が現れるようになる。それが「右翼」「左翼」に分化するのは、明治維新からだいぶ後のことである。

では、反体制勢力はいかにして生まれたのだろうか。その過程をたどる下準備として、前作『近代日本の地下水脈　I　哲学なき軍事国家の悲劇』で提示した「五つの国家像」を振り返っておきたい。

明治元（一八六八）年に誕生した新政府は、当初から帝国主義国家としての国づくりをめざしていたわけではなかった。当時の日本には、大きく分けて次の五つの国家像をめざす勢力がいた。

①欧米列強にならう帝国主義国家
②欧米とは異なる道義的帝国主義国家
③自由民権を軸にした民権国家
④アメリカにならう連邦制国家
⑤攘夷を貫く小日本国家

これら五つの国家像をめざす勢力は、新政府内部で主導権争いを繰り広げた。しかし、列強の侵略から日本を守るために場当たり的な対処を重ねるうちに、新政府は無自覚的に①の欧米型帝国主義への道を歩み出したのである。そして、明治二十二年の大日本帝国憲法によって、欧米型帝国主義国家としての枠組みが完成する。

このとき、主導権争いに敗れた①の国家像以外の思想は消えてしまったわけではない。雨が土壌にしみこんで伏流水となるように、日本社会の中で地下水脈化し、世代を超えて受け継がれていった。そして社会の変動期になると、あたかも地殻変動によって伏流水が噴出するかのように、地下水脈化した思想が表社会に姿をあらわすのである。

のちに社会主義や国家主義などの運動に身を投じた人々の思想にも、これらの地下水脈が流れ込んでいった。とりわけ③の自由民権運動や④のアメリカから持ち込まれたキリスト教的精神は、マルクス主義以前の社会主義者たちに受け継がれていった。また、②の道義的帝国主義の精神は、大正時代以降のアジア主義者のなかに生きている。さらに⑤の攘夷の地下水脈は、国家主義者だけでなく共産主義者たちの間にも流入し、初期の共産党のあり方に決定的な影響を及ぼしてゆく。

こうした地下水脈は今なお生きており、その流れを読み解く作業は非常に刺激的である。さらには現在の日本社会で起きている事象の本質を把握するうえでも重要になってくる。

足尾鉱毒事件

地下水脈化した国家像が反体制運動のなかに流れていることを示す具体例として、栃木県で発生した足尾鉱毒事件に着目したい。

新政府は欧米列強にならう帝国主義国家の建設を急いだ。ドイツ式の兵制を導入し、軍備増強に余念がなかった。その成果は、明治二十七（一八九四）年に勃発した日清戦争の勝利というかたちであらわれる。日清戦争で莫大な賠償金を得た日本は、その賠償金を官営八幡製鉄所など重工業に投資し、さらなる富国強兵政策へと邁進《まいしん》していった。

その反面、急速な工業化は社会にさまざまな歪みをもたらし、その犠牲になる国民各層の姿が顕在化してきた。具体的には貧富の差の拡大である。都市での賃金労働者が増加したが、その多くは農家の次男三男や女子などであった。地方の限られた耕地では抱えきれない人口を都市が労働力として吸収していったのだ。しかし同時代の欧米と比較すると、日本の労働者ははるかに低い賃金で過酷な労働を強いられていた。

工業化が進むにつれ、都市部に労働者が流れ込んだが、労働環境は劣悪であった。たとえば明治三十年ごろの東京砲兵工廠の例を見ると、一日十時間以上働いて日給は現在の貨幣価値で三千円ほど。休日は月二日程度しかなかった。農村でも、急激な近代化、資本主義の進展に伴う矛盾が表面化した。富国強兵は、農村出身の労働者たちから搾取し、彼らを兵力として用いることで成し遂げられたのである。

重化学工業が急速に発展するにつれ、公害問題も深刻化してきた。

栃木県足尾町（現・日光市）にある足尾銅山は、江戸時代初期から幕府の直営で採掘されていた。足尾の銅は貨幣のほか、寺院の屋根の重ね葺きなどにも用いられていたが、幕末には鉱脈が枯渇してしまった。明治初期、政府は足尾銅山を民間に払い下げた。その後、次々に政商が経営に乗り出したが、銅の産出はわずかだった。何人かの政商の手を経て、実業家で古河《ふるかわ》財閥の創始者である古河市兵衛が経営権を手に入れた。古河が最新の洋式機械を導入して採掘を進めたところ、新たな鉱脈の発見が相次ぎ、銅の産出は飛躍的に増えた。銅は兵器や電線などに用いられ、社会資本の近代化を進めるうえでも極めて重要な戦略物資であった。足尾銅山の成功により、古河は巨万の富を築いた。

一方、足尾銅山では製錬の過程で生じる重金属を含んだ鉱滓を渡良瀬川に垂れ流しにし続けた。そのため、流域の住民が甚大な鉱毒被害を受けた。鉱滓《こうさい》に含まれるカドミウムや鉛などの重金属が健康を蝕《むしば》み、死者数は推計で一千人を超えた。清流のアユは大量死し、田畑の作物は枯れてしまった。さらには硫酸を含む煙害のため周囲の山林は禿山《はげやま》となり、大規模な土砂災害も頻発した。田畑を維持できない農民が増え、被害は渡良瀬川が合流する利根川下流域の茨城県にまで及んだ。

なお、鉱毒の被害は百年以上経った今日もまだ続いている。

「民を殺すは国家を殺すなり」

これに対して立ち上がったのは、栃木県出身の代議士だった田中正造である。

現在の栃木県佐野市の名家に生まれた田中は、地元の区会議員や栃木新聞（現・下野《しもつけ》新聞）編集長などを経て、栃木県会議員に当選。自由民権運動の政治家として手腕を発揮し、当時の県令が強引に推し進めた土木工事などに反対するなどして暴政に対抗した。

その後、栃木県会議長を経て、明治二十三（一八九〇）年の第一回衆議院総選挙で代議士に当選。すると田中は渡良瀬川流域の被害者たちとともに精力的に動き、鉱毒除去や鉱山の操業停止などを政府に求めた。田中は帝国議会でたびたび鉱毒問題を取り上げ、政府に改善を迫った。田中が提出した質問書の数だけで、議会全体の質問書の一割以上を占めていたほどだ。しかし、被害は収まらなかった。

明治三十三年二月十三日、政府への請願のために集団で上京しようとした被害者たちおよそ二千五百人が、群馬県佐貫村川俣《かわまた》（現・明和町）で警官隊と衝突し、百余人が逮捕された（川俣事件）。

この直後に田中が議会に提出した質問書「亡国に至るを知らざれば之れ即ち亡国の儀に付質問」は「民を殺すは国家を殺すなり」という一節から始まる。これは日本の政治史に残る名演説とされ、大きな反響を呼んだ。だが、田中の質問に対して首相の山縣有朋は「質問の旨趣其要領を得ず、依て答弁せず」と述べただけだった。要するに、「質問の意味が分からない」と一蹴したのである。翌年の秋、田中は代議士を辞したが、鉱毒被害解決への情熱は別のかたちで噴出することになる。

明治三十四年十二月十日、田中は明治天皇への直訴を試みた。日比谷付近で明治天皇の乗った馬車の車列に向かって飛び出し、直訴状を手渡そうとしたのである。この直訴状は幸徳秋水が下書きをしたと伝えられている。

田中は警官らに取り押さえられ、直訴は失敗した。だが、この直訴をきっかけに鉱毒被害者たちへの共感が全国に広がった。政府も、洪水対策や鉱毒を沈殿させるための遊水地を作ることを決定した。渡良瀬川沿岸の谷中村《やなかむら》をその地とし、村民の反対を押し切って廃村とした。これは田中が望んだ最終解決策ではなかったが、鉱害解決に向けて国を動かしたのは間違いなく田中の力であった。

誇りある死

一方、「萬朝報」主筆だった内村鑑三は鉱毒問題を積極的に報じ、被害住民を支援した。内村は札幌農学校の出身でキリスト教思想家であったが、アメリカにならう連邦制国家の地下水脈を継承していたとも考えられる。

田中は、明治末期から大正初めにかけて、自らの戦いの方向性を確認するために東京へ出た。幸徳秋水と堺利彦が設立した「平民社」を訪ね、社会主義者たちと意見を交換し、そして自説を説いた。孫文の中国革命に協力した宮崎滔天《とうてん》の許も訪れて、意見を交換している。孫文の唱える革命思想を日本にもち込むことが可能なのかという問いに、滔天は、「それはわれわれ次第であり、ひとえにわれわれの情熱にかかっている」と答えた。それを聞いて、田中はしばらく黙していたという。なかには、日本に民を救う革命は必要なのかと問う者がいて、逆に田中の方が混乱してしまうこともあったという。

運動が一段落し、谷中村の仮小屋で日々の生活を送っているうちに、田中の中には次第に信仰心や宗教心が芽生えるようになった。明治四十四（一九一一）年から、その日記には急に信仰の話が書き列《つら》ねられていく。平民社のなかで、とくに木下尚江のような穏健なキリスト教的社会主義者と交わったことからもそのことは窺える。信仰の深まりは、田中にとって現実への絶望を意味していたのであろう。この世に存在する矛盾の根底には「愛が欠けている」という理解に、田中の心中は落ち着いていったのであろう。

「野蛮ニして野蛮の行動を為すハ可なり。文明の力ら、文明の利器を以て野蛮の行動を為す、其害辛酷なり。故ニ野蛮の害ハ小なり。文明の害ハ大ヘ《（ママ）》ナリ」

日記の中のこの表現に込められている田中の心境は、現代人（それは足尾銅山の企業経営者であり、政府であるという意味だが）がなす「野蛮な行動」こそ真に残酷なものであり、それに抗するには「愛」を土台にすえて、この文明の害に戦いを挑まなければならないというように変化を遂げていた。

しかし、そうした戦いは力で潰され、解体させられていく。どれほどの愛と理《ことわり》をもってしても、暴力にはかなわないとの認識。あえてそういう認識にもとづいて、田中はキリスト教の信仰へと傾いていったのである。

大正二（一九一三）年九月四日、田中は地元で亡くなった。服装はボロボロで髪も伸び放題、まるで放浪者のような姿だったという。権力の横暴に歯向かった田中は、最後は野垂れ死にするしかなかった。しかし、私は田中は誇りある死を遂げたと考えている。田中の死から四年後、仮小屋で最後の抵抗を続けていた農民たちも立ち退《の》きを余儀なくされた。その地を離れる際、農民たちは田中が没した部屋で線香をあげ、読経を続けたという。

足尾銅山鉱毒事件の本質は、いわゆる左翼的なイデオロギー闘争ではなく、あくまでも庶民の生活に根ざした反体制運動であった。発展する帝国主義の内部で、その歪みの犠牲者が顕在化してきたのだ。大正時代の米騒動においても、同様の構図がみられる。

自由民権運動の地下水脈

田中正造が若い頃に影響を受けたのが、自由民権運動であった。では、自由民権運動の地下水脈は、どのように受け継がれてきたのだろうか。時系列がいったん逆戻りするが、明治初期を振り返ってみたい。

維新後の新政府では、薩摩や長州など特定の藩出身者らによる藩閥政治が横行していた。これに対して「一握りの上級役人による専制政治」であるとの批判が高まった。とりわけ不満を募らせていたのが、士族たちである。俸禄が打ち切られ、帯刀などの特権も廃止されていた。

一方、征韓論を主張して政争に敗れた板垣退助は、明治七（一八七四）年に「民撰議院設立建白書」を政府に提出し、国会開設の請願をおこなった。より多くの国民が国政に参加することで、藩閥政治の弊害が是正され、平等な社会が実現するとの主張である。これが自由民権運動の発端である。板垣らの主張は、不満を溜め込んでいた士族たちと共鳴し、大きな社会運動へと発展して行く。

板垣は土佐藩の出身であったが、土佐藩は自由民権運動の一大淵藪《えんそう》となる。そして、のちに反体制運動の指導者となる大物を続々と輩出するようになる。

たとえば自由民権思想の理論的指導者であった中江兆民も、土佐藩の出身である。中江は弘化四（一八四七）年、高知城下に生まれ、藩校や長崎でフランス語を学んだあと、フランス語の通訳などを務めた。明治四年に司法省の留学生となりフランスに渡った。帰国後はフランスの啓蒙思想家、ジャン＝ジャック・ルソーを日本に紹介するとともに、フランス共和制の土台となった民主主義についての情報発信もおこなってゆく。

明治四年、土佐に生まれた幸徳秋水は、自由民権の息吹を浴びて育った。「自由新聞」を少年時代から愛読し、十六歳で上京して中江兆民に師事した。

明治三年、豊前に生まれた堺利彦もまた、少年期から「朝野新聞」や「福岡日日新聞」を愛読し、自由民権運動の影響を受けた。堺自身、「予の社会主義は、その根底に於いてヤハリ自由民権説であり、ヤハリ儒教であると思う」（『予は如何にして社会主義者となりし乎』）と回顧している。

幸徳と堺は、のちに日本の反体制運動のキーマンとなってゆく。

また、やや毛色が変わるが、反権力紙「萬朝報」を創刊した黒岩涙香も土佐藩の出身で、自由民権運動に携わったことで逮捕・有罪判決を受けている。

自由民権運動の盛り上がりに危機感を持った政府は、明治十三年、集会条例を定めた。政治結社や集会を届け出制にし、軍人や警官、教員らの政治結社と集会への参加を禁止した。だが国会開設運動はさらに高まり、抗しきれなくなった政府は明治十四年、国会開設の勅諭を出すに至った。九年後の明治二十三年に帝国議会を開設する約束をしたのだ。

幸徳秋水

この勅諭を契機に、さまざまな政党が誕生した。明治十四年に土佐藩出身の板垣を党首として自由党が結成された。自由党の党是は、「自由を拡充し権利を保全し幸福を増進し社会の改良を図る」ことであった。これはのちの社会民主主義にもつながる理念である。また、「主権在民」や「普通選挙の実施」も掲げているが、これらの理念は今日の日本国憲法に通じるものがある。

一方、「明治十四年の政変」で政府から追放された大隈重信は、立憲君主制をめざす立憲改進党を立ち上げた。大隈は下野してからも九年後の国会開設に備え、小野梓《あずさ》、犬養毅《つよし》、尾崎行雄、前島密《ひそか》などの人材を立憲改進党に集めていた。

伊藤博文の離間工作

政府は政治結社への弾圧を強めた。明治十五（一八八二）年四月六日、板垣退助は遊説先の岐阜県で暴漢に切りつけられた。このとき板垣が発した言葉として後世に伝わるのが「板垣死すとも自由は死せず」である。これには諸説あるのだが、こうした趣旨の言葉を板垣が咄嗟《とつさ》に発したことは政府側の密偵の記録にも記されている。

政府は密偵を放って監視を強める一方、自由民権運動勢力の分断を図った。その一環として、伊藤博文は板垣および土佐藩出身で自由党の最高幹部である後藤象二郎に、欧州外遊を持ちかけた。板垣と後藤はこの誘いに乗ってしまう。明治十五年末から翌年にかけて二人は欧州を旅することになった。資金は長州出身の井上馨《かおる》のあっせんで、三井財閥が出した。

政府の狙いは、二人の幹部を同時に不在とさせることで政党の求心力を低下させるところにあった。また、二人に欧州の政治状況を実見させることで、自由党が現実的な路線にかじを切ることを期待していた。実際、板垣は自由民権の母国とされていたフランスの政治的混乱を見て、学ぶべきはフランスではなくイギリスであると考えを改めた。

しかし、外遊の代償は高くついた。自由党内では「板垣と後藤は政府に買収された」との反発が強まった。また自由党とともに自由民権運動の一翼を担ってきた立憲改進党も、自由党の政府との関係を激しく批判した。逆に自由党は、大隈重信と三菱の密接な関係を非難し、立憲改進党への攻撃を強めた。民権運動推進の核となるべき両党が泥仕合のような非難合戦で消耗し、運動は停滞してしまった。

統制がとれなくなった自由党では急進派が勢力を拡大し、武装蜂起によって政府転覆を図る動きも出てきた。明治十七年、埼玉県秩父地方では、困窮した農民らが自由党急進派の影響を受けて蜂起した。いわゆる「秩父事件」である。蜂起参加者はおよそ一万人にも上った。政府は軍を出動させ十日で鎮圧したものの、内乱につながりかねない事件であった。同様の暴動事件は東日本各地で相次いだが、いずれも政府に鎮圧された。

求心力を失った自由党は同年十月、ついに解党した。ライバルの立憲改進党も、大隈や河野敏鎌《とがま》などの幹部が脱党した。こうして民権派は分裂し、政府の離間作戦は奏功したのである。

自由民権の地下水脈は死なず

自由民権運動が再び盛り上がったのは、明治十九（一八八六）年のことだ。藩閥政府に対抗するため、在野の反政府勢力が結集した。帝国議会開設に向けた動きで、大同団結運動と言われる。その中心となったのが、旧自由民権勢力であった。翌年には民権各派の代表が言論集会の自由と地租軽減、外交失策の挽回を求める「三大事件建白運動」を進めた。

こうした動きに政府側も手を拱《こまね》いていたわけではない。明治二十年十二月二十五日、時の第一次伊藤博文内閣は「保安条例」を発布した。伊藤と同じ長州出身の内務大臣・山縣有朋、薩摩出身の警視総監・三島通庸《みちつね》が布告し、即日施行した。条例は全七条で、「秘密結社及び集会の禁止」「一定地域では全般的に集会禁止、旅行や移動の自由を制限する」「内乱を陰謀、教唆しまたは治安を妨害する恐れのあるものは皇居から三里（約十二キロ）

外へ退去させる」ことなどが布告された。これは露骨な物理的パージであった。反対勢力を政治の中心空間から排除するという考え方である。

保安条例によって、中江兆民や、のちに「憲政の神様」と言われる政治家の尾崎行雄ら四百五十一人が追放された。ただ、保安条例には批判が強く、明治三十一年、第三次伊藤内閣によって廃止された。

帝国議会が開設された明治二十三年、自由民権運動はまた息を吹き返す。大井憲太郎や中江らが中心となり、旧自由党の流れを汲む四派が大同団結して立憲自由党が結成されたのだ。結成翌年に自由党に改称し、衆議院議員の定数三百のうち、百三十を占める最大勢力となる。時の第一次山縣内閣は「超然主義」、つまり政党の意向にかかわりなく政策を遂行する意向を宣言した。自由党は同じ民党（民権派の流れを汲む野党）である立憲改進党とともに、「民力休養・政費節減」をスローガンとして藩閥政府と対立していく。

幸徳秋水の「自由党を祭る文」

その後、明治二十七（一八九四）年に始まった日清戦争をまたいで、政府と政党の関係は大きく変化した。戦時下で「挙国一致」が進み、政党と政府の距離が近くなったのだ。

戦後も自由党は第二次伊藤博文内閣と連携し、党首の板垣退助は内務大臣として入閣した。

明治三十一年には自由党と進歩党（立憲改進党の後身）が連携し、憲政党を結成した。さらに同年、同党を与党として大隈重信を首相、板垣を内務大臣とする「隈板《わいはん》内閣」が成立した。日本で最初の政党内閣だ。しかし自由党系と進歩党系の対立が収まらず、四カ月で瓦解した。

後継は第二次山縣有朋内閣である。長州出身で藩閥政府の盟主とも言うべき山縣は明治三十二年に文官任用令を改め、政党員が官吏になる道を制限した。さらには「軍部大臣現役武官制」を布いた。陸軍大臣、海軍大臣には現役の軍人しか就任できないという規定である。いずれも、政党の力を抑圧するための施策であった。

しかし、それでも議会が開設された意義は大きかった。政府は、結局は政党と協力しなければ政治が立ち行かないことを痛感せざるを得なかった。政党側も、政府と連携して党勢を伸ばす道を模索していた。憲政党は伊藤との連携を深めた。そして明治三十三年八月二十五日、伊藤を党首とする立憲政友会が結成された。

立憲政友会の結成は、明治初期以来の自由民権運動支持者たちに大きな衝撃を与えた。たとえば幸徳秋水が同年八月三十日の「萬朝報」に寄せた「自由党を祭る文」をみよう。

幸徳は冒頭、立憲政友会の結党を「自由党の死」と断じた。

「歳は庚子《こうし》に在り八月某夜、金風淅瀝《せきれき》として露白く天高きの時、一星忽焉《こつえん》（注・たちまちの意）として墜《お》ちて声あり、嗚呼《ああ》自由党死す矣、而して其光栄ある歴史は全く抹殺されぬ」

さらに自由党の苦難と栄光をこう振り返る。

「汝自由党の起るや、政府の圧抑は益々甚しく迫害は愈よ《いよい》急也。言論は箝制《かんせい》せられたり、集会は禁止せられたり、請願は防止せられたり、而して捕縛、而して放逐、而して牢獄、而して絞頸台。而も汝の鼎鑊《ていかく》を見る飴の如し、幾万の財産を蕩尽《とうじん》して悔いざる也、幾百の生命を損傷して悔いざる也、豈《あに》是れ汝が一片の理想信仰の牢として千古渝《か》う可《べか》らざる者ありしが為にあらずや。而して今安《いず》くに在る哉《か》」

自由民権の志は死んだのか？

自由党は政府から弾圧を受け続けてきた。言論は封殺され、集会も禁じられた。それでも党員は命がけで変わらぬ理想を追求した。逮捕、追放、投獄されても、財産をなげうって自由民権のために闘う者が多くいた。

幸徳秋水本人も、弾圧された時の模様をこう振り返る。

「吾人年少にして林有造君の家に寓す、一夜寒風凜冽《りんれつ》の夕《ゆうべ》薩長政府は突如として林君等と吾人を捕えて東京三里以外に放逐せることを、当時諸君が髪指の状突然目に在り忘れざる所也、而して見よ今や諸君は退去令発布の総理伊藤侯、退去令発布の内相山縣侯の忠実なる政友として、汝自由党の死を視る路人の如く、而して吾人独り一枝《いつし》の筆、三寸の舌のみあって、尚お自由平等文明進歩の為めに奮闘しつつあることを、汝自由党の死を弔《ちよう》し霊を祭るに方《あた》って、吾人豈に追昔撫今の情なきを得んや、（中略）光栄ある汝の歴史は今や全く抹殺せられぬ」

ここでいう「退去令」とは、明治二十（一八八七）年に施行された保安条例のことを指す。幸徳は、自由党結党に尽力した土佐出身の自由民権活動家・林有造とともに「退去」させられた。

そうした怨恨があるにもかかわらず、こともあろうにその保安条例を出した当人の伊藤、山縣と旧自由党勢力が手を組んで立憲政友会となったのである。幸徳からみれば「光栄ある歴史の終わり」であり、裏切りでもあった。

はたして明治初期に盛り上がった自由民権運動は、幸徳が言うように、立憲政友会の結成によって死んでしまったのだろうか。

社会主義者が汲んだ自由民権の地下水脈

明治三十一（一八九八）年、日本で初めて「社会主義」の名を掲げた結社「社会主義研究会」が発足した。中心的なメンバーは、安部磯雄、片山潜、幸徳秋水らである。同会は「社会主義の原理と之を日本に応用するの可否を考究するを目的とす」として設立された団体で、社会主義の研究や討論をおこなった。

ただ、当時はロシア革命（一九一七年）の前である。この頃の社会主義者は、マルクス主義ではなくキリスト教的な人道主義や、イギリスの社会改革者ロバート・オーウェンが提唱する空想社会主義の流れを汲んでいた。今日的な意味での社会主義というより、むしろ「社会正義」の実現を追求する結社と解釈したほうが、より実態に近いかもしれない。

社会主義研究会は明治三十三年に「社会主義協会」に改組され、本格的な活動に入る。そして明治三十四年五月十八日、政治結社「社会民主党」が結党された。創立メンバーは安部、片山、幸徳に木下尚江、河上清、西川光二郎を加えた六名で、日本で初めての社会主義をめざす政党であった。創立メンバーのうち、幸徳以外はキリスト教徒であった。また、アメリカ志向が強いことも特徴で、安部と片山はアメリカ留学経験があり、幸徳と河上ものちに渡米する。自由民権運動は衰退していたが、幸徳は自由民権運動の流れも汲んでいる。そこにキリスト教の影響を受けた一派が加わることによって、キリスト教的な理想主義が入り込んだのである。

社会民主党の結党宣言は、こう始まっている。

「如何にして貧富の懸隔を打破すべきかは実に二十世紀における大問題なりとす。かの十八世紀の末に当り仏国を中心として欧米諸国に伝播したる自由民権の思想は、政治上の平等主義を実現するにおいて大なる効力ありしといえども、爾来物質的の進歩著しく、昔時の貴族平民という階級制度に代ゆるに富者貧者という、更に忌むべき恐るべきものを以てするに至れり」

そして、「世界の大勢に鑑み、経済の趨勢を察し、純然たる社会主義と民主主義により、貧富の懸隔を打破して全世界に平和主義の勝利を得せしめんことを欲する」と謳い上げる。

自由民権運動の歴史的役割は大きく評価されるべきだが、世界の物量的な進歩のスピードは予測をはるかに超え、貧富の差という新たな問題を生じさせている。社会主義と民主主義の力でこれを克服しよう、という宣言だ。前述した自由党の結党宣言「自由を拡充し権利を保全し幸福を増進し社会の改良を図る」という目標に通底するものがある。自由民権運動の地下水脈は、社会民主党のなかに生きていたのだ。

結党から二日後に解散命令

ただ、社会民主党は自由民権運動よりもさらに革命的な路線を志向していた。結党宣言は大目標として次の八つを掲げている。

一　人種の差別、政治の異同にかかわらず、人類は皆同胞たりとの主義を拡張すること。
二　万国の平和を来すためには先ず軍備を全廃すること。
三　階級制度を全廃すること。
四　生産機関として必要なる土地及び資本をことごとく公有とすること。
五　鉄道、船舶、運河、橋梁のごとき交通機関はことごとくこれを公有とすること。
六　財富の分配を公平にすること。
七　人民をして平等に政権を得せしむること。
八　人民をして平等に教育を受けしむるために、国家は全く教育の費用を負担すべきこと。

私有財産制を脅かす内容が明記されていたことで、政府の警戒心を大いに刺激した。政府はこの前年の明治三十三（一九〇〇）年に制定された治安警察法により、同党を結社禁止とした。結党からわずか二日後、警察権力に解散を命じられる。創設メンバーらは翌月、綱領を変更して「社会平民党」を結成するが、これも即解散を命じられてしまう。

その後、日露戦争への方針を巡って日刊紙「萬朝報」を退社した幸徳秋水と堺利彦らが中心となり、明治三十六年十月二十七日、「平民社」を設立。「平民新聞」を発行し、社会主義、反戦運動の拠点となった。しかしながら、政府の弾圧を受けて明治三十八年に廃刊となってしまう。

さらにその後、弾圧はエスカレートし、明治四十三年から始まる大逆事件を受けて幸徳らが処刑され、自由民権運動の流れを汲む社会主義勢力は表舞台から姿を消してしまう。この経緯については後述する。

反体制派が国権派に転じた理由

さて、体制側の視点からは、当時の状況はどのように見えていたのだろうか。日本は対外的には日清戦争、日露戦争という二つの戦争によって勢力圏を拡大していったが、国内においては反体制派の弾圧を強化してゆく。この視点を掘り下げていくと、反体制派が抑圧されていくメカニズムが見えてくる。

政府内部では幕末の明治維新を起こした西郷隆盛、大久保利通、木戸孝允《たかよし》ら第一世代に代わって、第二世代の官僚が政治や軍事の中枢で台頭してきた。具体的には、桂太郎（長州出身、陸軍）、陸奥宗光（紀州出身、外務省）、小村寿太郎（飫肥《おび》出身、外務省）、大山巌《いわお》（薩摩出身、陸軍）、児玉源太郎（長州出身、陸軍）らである。

第一世代は、列強による日本侵略の可能性をひしひしと肌で感じてきた世代である。帝国主義の恐ろしさを実感しているがゆえに、日本が帝国主義的な国家へと歩み出すことに対する自省的な観察眼も持ち合わせていた。だが第二世代は、最初から帝国主義的な枠組みのなかで学び育ってきた。帝国主義的な国家戦略を所与のものとして受け入れ、それをさらに発展させようという傾向が強かった。彼らによって、日本は無自覚的な帝国主義から、自覚的な帝国主義へと変容して行ったのである。

とりわけ日本が帝国主義国家としての性質を露《あら》わにし始めるのは、日清戦争に勝利した後、三国干渉から日露戦争にかけての時期であった。日清戦争後、列強は清に続々と進出し、戦勝国である日本よりも旨味のある権益を手中に収めていった。日本にとって衝撃だったのは、ロシアが遼東半島の旅順と大連を租借したことだ。同半島は日本が清から割譲されたが、ロシア、フランス、ドイツからの三国干渉に遭い、清に返還していた地域である。ロシアはそこを自国の権益にしてしまった。しかも同半島は日本の「利益線」である朝鮮半島の付け根に位置し、戦略的に非常に重要な地域である。

三国干渉は、明治二十年代後半から三十年代の反体制派知識人にも大きな衝撃を与えた。近代日本言論界の巨人、徳富蘇峰もその一人だ。「平民主義」の立場から政府を厳しく批判していた蘇峰が、国権論者へと変貌するきっかけとなったのは、三国干渉であった。のちに蘇峰はこう振り返っている。

「この遼東還付が、予のほとんど一生における運命を支配したといっても差支えあるまい。この事を聞いて以来、予は精神的にほとんど別人となった。而してこれと云うも畢竟《ひっきょう》すれば、力が足らぬゆえである。力が足らなければ、いかなる正義公道も、半文の価値もないと確信するにいたった」(『蘇峰自伝』)

国家は強くなければならない。いくら道義的には正しくても、国際社会のなかで力を持たなければ不条理に見舞われる。逆に、力があれば、どんな横車でも押しとおせる。国際社会の現実を痛感した蘇峰は、三国干渉によって日本は「力の福音」の洗礼を受けた、と表現している。

その後、蘇峰は欧米を視察し列強の現状を学んだ。帰国後は時の松方正義内閣で内務省勅任参事官となった。松方は薩摩閥だ。かつて藩閥政治を批判していた蘇峰だけに「変節」という批判も受けた。だが、蘇峰にしてみれば、国を強くするためにはやむを得ないとの信念があったのだろう。

ロシアの脅威に備える

帝国主義国家へと歩み始めた日本は、外交政策においても大きな決断をする。日英同盟である。その背景には、清の内政の混乱とそれに乗じて南下を狙うロシアがあった。

清は日清戦争に敗れた後、混乱が続いた。君主の光緒帝は康有為や梁啓超らの革新官僚を登用した。明治維新を遂げた日本の改革に学び、国を再建しようとする動きが清国内にも芽生えてきたのである。しかし宮廷の実権を握っていた西太后を中心とする保守派によって革新官僚は排除され、改革は容易には実現しなかった。

当時、清の民衆には欧米列強の進出に対する反感が強まっていた。その反感を背景として、山東省では宗教団体「義和団」が勢力を伸ばし始めた。義和団は「扶清滅洋」、つまり清を助け、侵略してくる列強を討つというスローガンを掲げ、排外主義に傾いていった。明治三十三(一九〇〇)年、北京で清の兵や民衆による暴動が起き、列強の大使館が集まる地域を包囲。ドイツ公使や日本の公使館書記が殺されるなどした。この暴動をバックアップするかたちで、清政府は欧米列強に宣戦を布告した。義和団の乱(北清事変)である。

日本はイギリス、アメリカ、ロシア、フランスなどと共同して八カ国で連合軍を派遣したが、最も多くの兵士を派遣したのは日本で、連合軍全体の約半数を占めていた。圧倒的な兵力の差により、義和団の乱は鎮圧され、翌年には「北京議定書」が調印された。清は国家予算の約四年半分にもおよぶ莫大な賠償金を列強に払うことと、列強の守備兵が北京などに駐屯することを認めざるを得なかった。

しかし義和団の乱が鎮圧され、各国の軍隊が引き揚げた後も、ロシア軍は満州に駐屯し続けた。ロシアは日本に次いで多くの兵士を連合軍に投入していたが、義和団の乱後にさらに兵力は増強され、最大で十六万人ものロシア兵が駐屯し、満州は事実上ロシア軍による占領状態となった。利益線である朝鮮半島を勢力下に置こうとしていた日本にとって、ロシアの南下政策は大きな脅威となる。

この頃、日本政府内には対ロシア政策において二つの論があった。一つは「日露協商論」である。ロシアが満州を勢力下に置くのを認める代わりに日本の朝鮮半島支配を認めさせる、というものである。「満韓交換論」とも言われ、第一世代の元老である伊藤博文や井上馨らが唱えた。彼らはロシアの怖さを知っているがゆえに、現実的な妥協を模索した。

もう一つは、ロシアの南下を抑えるためにイギリスと連携する「日英同盟論」だ。こちらは主に維新第二世代の桂太郎、小村寿太郎が主張した。先に述べたように、第二世代は帝国主義的な拡大政策に迷いがない。日本はロシアと互角に対峙できるという強固な信念があった。

当初、伊藤はロシアに赴き「満韓交換論」をベースに交渉を試みたが、失敗に終わった。すると伊藤は第二世代に協力し、日英同盟の成立に向けて尽力してゆく。このあたりの懐の深さと柔軟さは、伊藤という政治家の器の大きさを示している。

日英同盟の戦略的意味

一方、イギリス側にも日英同盟を必要とする切実な事情があった。十九〜二十世紀初頭、世界に覇権を拡大していたイギリスは、各国の勢力均衡を外交政策の柱としてどの国とも同盟を結ばず、「光栄ある孤立」と呼ばれていた。しかし南アフリカにおけるボーア戦争でイギリスは国力を消耗し、覇権にかげりがさしてきた。アジアにおいては、インドシナに勢力を伸ばしていたフランスや、ニューギニアや西太平洋諸島をおさえていたドイツに対抗する力はなかった。

そこでイギリスは、日本を利用することを考えた。日本の軍事力拡大をバックアップする一方、イギリスがアジアに持っている権益の安全保障を日本に担わせよう、という戦略である。イギリスは欧州や東アジアにおいてロシアとの対立を深めており、日本がロシアと接近することを恐れてもいた。そうした両国の利害と思惑が一致した結果、明治三十五（一九〇二）年一月に日英同盟が締結されたのである。

その内容は、以下のようなものだった。

①清・韓国の独立、領土保全を維持しつつ、日本の清・韓国、およびイギリスの清における政治的・経済的特殊利益を互いに擁護する。
②日英のいずれかが第三国と戦争を始めた場合、他方は厳正中立を守る。
③二国以上と戦う場合は援助し共同して戦う。

まさに軍事同盟と呼ぶにふさわしい条約だが、日英同盟は日本にとって三つの点において画期的だった。

第一に、日本が欧米列強と結んだ初の対等条約だったことである。幕末の開国にともない、日本は欧米列強と不平等条約の締結を余儀なくされた。その後、日本は不平等条約を解消するため、外交において多大な労力を費やした。明治二十七年に陸奥宗光外相が治外法権の撤廃に成功していたが、関税自主権はその後も長らく認められなかった。そうした中において、日英同盟では最初から対等な関係性を構築できたのである。

第二に、列強がせめぎ合う帝国主義の世界のなかで日本が主要なプレーヤーとなっていくターニングポイントとなったことである。

第三に、日本は日英同盟によって大きな軍事的恩恵を得たことである。結論から先に言うと、ロシアのバルチック艦隊は、バルト海から日本近海まで移動する際、イギリスが支配する植民地などの港に停泊することをことごとく妨害され、水や燃料、食料などを補給できなかった。同艦隊の主力はスエズ運河を通航することも許されず、喜望峰を経由しなければならなかった。時間的にも労力的にも大きなロスを被ったことが、バルチック艦隊敗因の一つだとの指摘もある。

「対露同志会」の結成

日英同盟の成立を受けて、桂太郎内閣はロシアとの戦争準備を進めた。財源の確保をめぐっては、衆議院で最大多数を占めていた立憲政友会との駆け引きがあった。先に述べたように、政友会には旧自由党の流れを汲む勢力が結集したが、初代党首は伊藤博文であった。桂は伊藤と同じ長州出身だ。政府は軍備拡張の財源を地租でまかなうつもりだった。しかし、そうなれば政友会の支持基盤である豪農層の負担が増す。このため政友会は政府の方針に反対したが、最終的には妥協した。

ロシアは日本やイギリスなどからの抗議を受けて明治三十五（一九〇二）年、満州からの撤兵を約束した。しかし撤兵は実行されなかったばかりか、ロシアは新たに朝鮮との国境地帯にまで進出してきた。翌年にはシベリア鉄道がバイカル湖の迂回線を除いて全線開通し、ロシアが満州に建設していた東清鉄道ともつながった。これらの鉄道網の拡充は、南下をめざすロシアの戦略上、大きな意味があり、日本にとっては脅威が増した。

三国干渉以来、日本国内ではロシアへの反感が強まっていた。前述のように日本政府の中にはロシアとの協調を図る動きもあり、桂内閣は即時開戦には踏み切らなかった。だがロシアのこうした不穏な動きは、日本が三国干渉で受けた屈辱を思い出させるには十分だった。知識人や為政者らは、対露強硬論に前のめりになっていった。

明治三十三年には近衛篤麿《あつまろ》（戦前三度首相を務めた近衛文麿の父）や、自由民権運動の志士からアジア主義へ転換した頭山満《みつる》など国家主義団体「玄洋社」の活動家、さらには憲政本党などの野党政治家や新聞記者らによって「国民同盟会」が結成され、対露強硬論を展開した。同会は「対露同志会」に発展し、主戦論を訴えた。

ロシアを叩く「千載の好機」

明治三十六（一九〇三）年六月には、「七博士建白事件」が起きた。東京帝国大学教授の戸水寛人《ひろんど》、富井政章《まさあきら》、小野塚喜平次、高橋作衛《さくえ》、金井延《のぶる》、寺尾亨《とおる》、学習院教授の中村進午の七人が、桂太郎内閣の外交を「軟弱」と非難し、ロシアに対する強硬論を政府に建白したのだ。中心は法科大学教授の戸水である。建白に先立つ同年四月、戸水は対露強硬論者の会合で日露開戦を促す演説を行っていた。

建白書は桂首相、小村寿太郎外相、寺内正毅《まさたけ》陸相、山本権兵衛海相らに送られた。さらに新聞各紙に建白書が公表され、開戦世論を煽った。建白書にはこんな一節がある。

「ああ、我が国は既に一度遼東の還付に好機を逸し、再び之を膠州湾《こうしゆう》事件に逸し、又三度之を北清事件に逸す。あに更にこの覆轍《ふくてつ》を踏んで失策を重ぬべけんや。（中略）けだし露国は問題を朝鮮によりて起こさんと欲するが如し。何となれば争議の中心を朝鮮に置くときは、満州を当然露国の勢力内に帰したるものと解釈し得る便宜あればなり。故に極東現時の問題は、必ず満州の保全について之を決せざるべからず。（中略）

我が邦は千載の好機の失うべからざることを注意せざるべからず。又この好機を失わば遂に我が邦の存立を危うくすることを自覚せざるべからず。（中略）今日の時機において最後の決心を以てこの大問題を解決せよと」

日本は遼東半島を返還したのに、ロシアに奪われた。膠州湾はドイツが占領してしまった。北清事変ではまたもやロシアに遅れをとった。そして今、ロシアは朝鮮にまで手を伸ばすべく、満州を侵略しようとしている。今こそロシアを叩く好機だ——との主張である。

なぜロシアを叩く「千載の好機」と言えるのか。建白書はロシアには極東に確かな足場がなく、「地の利」は日本にある。さらに日本人全体がロシアの横暴を憎んでいるという「人の和」があると訴えている。なかでも過激だった戸水は、「バイカル湖以東の東シベリアを占領すべし」とまで主張した。

建白書は対露強硬論者には歓迎されたが、帝国大学教授は官吏であり、政府の方針を公然と批判する行為には反対論も多かった。この建白書は、帝国大学が基本的には国家の政策と一体化してきたことを証明しているとも言える。帝国大学はまさにその名前の示すとおり、帝国主義のための学問の府であることを、図らずも示したのだ。

戸水は日露戦争の講和会議であるポーツマス講和会議に対しても、三十億円の賠償金、樺太やカムチャッカ半島の割譲を講和条件とするように主張。さらには宮内省にポーツマス講和会議拒否の上奏文を提出し、大学を休職処分になった。その後は代議士となり、第一次世界大戦後には株式相場における投機や詐欺まがいの取引で暗躍したほか、日本法律学校（後の日本大学）の経営にも深く関与した。他の六教授の中にも、国家主義的政策の旗振り役をその後も務めた者がいた。

反権力紙「萬朝報」の変節

対露強硬論が力を増してくると、それまでは反権力のスタンスをとっていた在野の知識人たちもなびき始める。「大阪朝日新聞」や「東京朝日新聞」「二六新報」など、一日十万部前後を発行していた有力紙が対露開戦論に傾斜していった。

反権力とスキャンダル報道を売り物にしていた「萬朝報」も例外ではなかった。同紙を明治二十五（一八九二）年に創刊したのは、自由民権運動の活動家からジャーナリズムの世界に飛び込んだ黒岩涙香である。黒岩は権力者の不祥事を暴くスキャンダル路線で売り上げを伸ばし、同紙を東京一の発行部数を誇る新聞に育て上げた。黒岩は一方で、内村鑑三、堺利彦、幸徳秋水ら社会主義系の知識人を呼び込み、オピニオン面も充実させた。

日露関係が不穏になり始めると、萬朝報は非開戦の論陣を張るようになる。その代表が、内村の「戦争廃止論」である。内村は日清戦争については朝鮮を清から守るための「義戦」として肯定していた。小国の日本が大国の清に対抗することはキリスト教的な倫理観からしても正しいと考えたのだ。しかし内村は、日露戦争については強く反対した。

「余は日露非開戦論者であるばかりでない。戦争絶対的廃止論者である。戦争は人を殺すことである。そうして人を殺すことは大罪悪である。そうして大罪悪を犯して、個人も国家も永久に利益を収め得ようはずはない。世には戦争の利益を説く者がある。然り、余も一時はかかる愚を唱えた者である。しかしながら今に至ってその愚の極《きわみ》なりしを表白する。戦争の利益はその害毒を償うに足りない。戦争の利益は強盗の利益である」

しかしロシアが満州から撤兵する約束を実行しないことが明らかになると、新聞各紙はほぼ対露強硬論一色となった。萬朝報も、社論を開戦論へと転じた。このため内村は同紙を退社している。その際、黒岩にこのような覚書を送っている。

「小生は日露開戦に同意することを以て日本国の滅亡に同意することと確信いたし候」

ロシアとの戦争は亡国とイコールであるとの警告だ。やはり非戦論を唱えていた幸徳と堺も、内村の退社と前後して退社している。二人は「退社の辞」でこう述べる。

「予等二人は不幸にも対露問題に関して（萬）朝報紙と意見を異にするに至れり。予等が平生社会主義の見地よりして、国際の戦争を目するに貴族、軍人等の私闘を以てし、国民の多数はそのために犠牲に供せらるる者と為すこと、読者諸君の既に久しく本紙上に於て見らるる所なるべし、然るにかくのごとく予等の意見を寛容したる朝報紙も、近日外交の事局切迫を覚ゆるに及び、戦争の終《つい》に避くべからざるかを思い、もし避くべからずとせば挙国一致当局を助けて盲進せざるべからずと為せること、これまた読者諸君の既に見らるる所なるべし」

戦争は貴族や軍人の利益のためで、多くの国民は犠牲になる。自分たちは萬朝報でそう訴えてきた。しかし対ロシア戦争の可能性が高まる中、萬朝報はむしろ挙国一致で政府を無分別に助ける方向へと進んでいる――幸徳らはそう指摘し、さらにこう述べた。

「ここにおいて予等は朝報社に在って沈黙を守らざるを得ざるの地位に立てり、しかれども永く沈黙して其所信を語らざるは、志士の社会に対する本分責任において欠くる所あるを覚ゆ、故に予等はやむを得ずして退社を乞うに至れり」

内村、堺、幸徳らは、このようなかたちで彼らの「良心」を守ったのである。

キリスト教からの影響

幸徳秋水と堺利彦は社会主義にもとづくオピニオンの発信を続けるべく、明治三十六（一九〇三）年十月二十七日、「平民社」を結社した。さらに十一月十五日、機関紙の週刊「平民新聞」を創刊した。

第一号の冒頭に掲げられた「宣言」は、「自由、平等、博愛は人生世に在る所以《ゆえん》の三大要義也」という一文から始まる。そのうえで、「人類をして平等の福利を享《う》けしめんが為めに社会主義を主張す」とし、「人類をして博愛の道を尽さしめんが為めに平和主義を唱道す」と宣言する。さらには「世界を挙げて軍備を撤去し、戦争を禁絶せんことを期す」と謳う。

自由、平等、博愛の理想を実現する手段としては「国法の許す範囲に於て多数人類の輿論を喚起し、多数人類の一致協同を得る」こととし、「暴力に訴えて快を一時に取るが如きは、吾人絶対に之を非認す」と、暴力革命を否定している。

この宣言は幸徳の立案にもとづき、堺が推敲したものである。興味深いのは、自由民権思想の影響に加え、社会主義研究会が結成されたときに流れ込んだキリスト教的社会主義の影響が色濃く出ていることだ。

当時はマルクス主義の登場以前で、キリスト教的な価値観に基づくユートピア社会主義やドイツの社会民主主義に近いものであった。先に述べたように、内村鑑三は日清戦争を「義戦」として肯定する論陣を張ったのであるが、内村は小国の日本が大国の清に対抗することの正当性を、キリスト教的な倫理観にもとづいて訴えている。

大逆事件で地下水脈化した反戦運動

「平民新聞」は社会主義、反戦運動の拠点となった。日露戦争（明治三十七～三十八年）の頃は、反戦を訴えることは可能だった。幸徳秋水や堺利彦らは平民新聞などで反戦論を展開した。与謝野晶子は戦争への批判を込めた詩「君死にたまふこと勿《なか》れ」を発表した。開戦後はロシアの社会主義者に対しても反戦を呼びかけている。だが政府の弾圧を受けて明治三十八（一九〇五）年一月、第六十四号で廃刊となった。

この当時の社会主義団体、非戦運動は反天皇制を訴えていたわけではなく、国家転覆をめざしていたわけでもない。しかし、政府は過剰なまでにこれらの運動を弾圧した。

弾圧の根拠になったのが、明治三十三年に第二次山縣有朋内閣が制定した治安警察法だ。集会や結社の届け出を義務化し、軍人や警察官、宗教家、教員や学生、女子・未成年者の政治結社加入などを禁止した。さらに労働者や小作人の団結、争議も禁じた。時代が進むにつれ、政府の統制は厳しくなった。

ターニングポイントとなったのは、明治四十三年の大逆事件である。

管野スガ、宮下太吉ら急進的な無政府主義者が次々に逮捕されたのだ。逮捕容疑は、明治天皇の暗殺を計画し、爆弾の製造もしていたことが発覚した、というものだった。ただ、これらの容疑は捜査当局によるフレームアップ（でっちあげ）の色合いがきわめて濃いもので、証拠の捏造や重大な人権侵害をともなうものだった。

しかし、時の桂太郎内閣はこれをきっかけとして無政府主義者や社会主義者を多数逮捕し、うち二十六人を非公開の裁判にかけ、幸徳ら十二人が死刑となった。

天皇の恐怖心を利用する

大逆事件以降、天皇制の「武装化」も進められた。ここで注意すべきは、天皇そのものが武装化したわけではないことである。政府と軍が、帝国主義政策のシンボルとして天皇を祭り上げ、天皇制を利用するかたちで暴力性を強めていったことを、私たちは認識しなければならない。

たとえば山縣有朋は明治天皇に大逆事件のことを報告する際、天皇の恐怖心を暗に刺激するようなことを耳打ちしていた。そのうえで、軍備拡張や国民の統制強化が必要であるとの論を囁いていた。要は、天皇の恐怖心を煽って、自分たちに都合よく利用することをたくらんだのである。

実際、政府はその後、大逆事件を利用するかたちで、社会主義運動の取り締まりを強化し、特高（特別高等課）を設置した。社会主義と言っても、資本家と労働者が協力した社会をめざすという、イギリスの初期社会主義者ロバート・オーウェンの思想の影響を受けた穏健派もいた。しかし政府は十把ひとからげに「社会主義＝悪」という図式を国民にすり込もうとし、社会主義者を徹底的に弾圧したのである。

山縣ら藩閥政府が反体制運動を極端に恐れた理由は、自分たちが維新の際に潜《くぐ》り抜けてきた体験の中にあったといえる。暴力革命によって新しい政府を作った体験である。暴力で権力を握った者は、必ず暴力によってその座を追われる。それが人類史における不変のテーゼだ。明治期の為政者たちはそれを皮膚感覚で理解しており、現在のわれわれが想像する以上の恐怖感を反体制運動に対して抱いていたことが窺える。軍人勅諭で「政治にかかわるな」と厳しく規定したのは、その恐怖感の表れである。その後も反政府運動を弾圧する手法が苛烈になるプロセスの中で、国家権力の暴力性はますます肥大化していった。

しかしながら、いかに社会主義や反戦運動が弾圧されても、それは地下水脈化し、大正、昭和の時代にふたたび姿をあらわすのである。

「帝国主義の君主」化する天皇

さて、反露感情が盛り上がったものの、軍事力を冷静に比較すると、ロシアは軍事大国であり、日本を圧倒していた。当時のロシアの首脳は、日本をねじ伏せるのは裏庭を少し掃除するようなものだという認識をもっていた。

彼我の力の差を知っていた明治天皇は、日清戦争の時と同じく、日露戦争にも反対した。戦争に負ければ、天皇制が崩壊する。勝ったとしても多数の民が死ぬ。戦争をしなくても解決できる道はあるはずではないかという、臣下の決定に対する疑念もあった。明治天皇は涙を流してまで反対したと伝えられているが、最終的には信任が篤かった伊藤博文の説得によって、やむなく開戦に同意した。

しかし戦争が始まると、明治天皇の様子が変わってくる。たとえば「第一次旅順閉塞の際連合艦隊司令長官東郷平八郎に下されし勅語」（明治三十七〈一九〇四〉年二月二十八日）には、このような文言がある。

「連合艦隊の旅順港口を閉塞せんとしたる壮挙を聞く。朕、深く其事に与《あず》かりし将校下士卒の忠烈を嘉《よみ》す」

さらに同年三月十三日の勅語は、兵士を鼓舞する表現となっている。

「連合艦隊は、旅順口の敵を威嚇し、第一駆逐隊、第三駆逐隊は、特に険を冒して、敵の要塞砲火の下に、優勢なる駆逐隊と戦ひ、奇功を奏せり。朕、深く将校下士卒の武勇を嘉尚す」

ロシアの極東艦隊は遼東半島の旅順港を本拠地とし、日本軍にとっては朝鮮半島などへの補給線を脅かす存在であった。日本の連合艦隊は、極東艦隊を撃滅させることを企図し、「旅順港口閉塞作戦」をおこなった。旅順港の出入り口に船を沈め、極東艦隊を封じ込めるという作戦で、計三回行われた。結局、この作戦は失敗するのだが、明治天皇はたびたび勅語を出して称えているのである。

明治天皇は主要な戦闘のたびに勅語を出している。武装化した天皇が自主的に帝国主義の政策に乗った君主になっていくプロセスが、これらの勅語から垣間見られる。

先に述べたように、日露戦争では日英同盟が強力な力を発揮した。また終戦段階においてはアメリカが日本寄りの仲裁方針をとったため、最終的には日本の勝利で終わった。だが、賠償金が得られなかったことから世論は納得せず、暴動が起きた。

しかし、日清戦争とは違い、ロシアという正真正銘の列強相手に勝利したことは、政府と軍部に大きな自信を与えた。それとともに、強権的な日本の帝国主義は、ここからさらに新たな段階に入っていくのである。

第2章　老壮会——左右の地下水脈の合流と分岐

「老壮会」を立ち上げた満川亀太郎

「老壮会」という水脈分岐点

大正七（一九一八）年から十年にかけては、近代日本の分岐点であった。

大正七年八月に富山県で発生した「米騒動」は全国に波及し、日本史上最大の民衆蜂起となった。その衝撃は大きく、寺内正毅内閣は総辞職するに至った。代わって立憲政友会を率いる原敬《たかし》が首相となり、政党政治が本格的に始まった。さらには普通選挙を求める運動が全国に広がり、大規模なデモや集会が各地で開催された。維新後の藩閥政治が終焉し、日本の政治体制は新たな位相に入ったのである。

そうした変化が生まれた背景には、以下の四つの世界史的な潮流があった。

①第一次世界大戦の終結（世界秩序の解体と再編成）
②ソ連共産主義体制の成立（プロレタリア革命の可能性）
③新しい形のナショナリズム（民族的感情への帰依）
④大衆社会の誕生（市民社会への移行）

とりわけ④の大衆社会のインパクトは大きかった。絶対君主制や封建制の時代は、一部の権力者たちが身分制度を決めて土地所有権などを独占し、結果的に多くの市井の人々の人生のあり方を細部まで決定していた。ところが市民社会では、各個人が主体性を持って社会やそれぞれの人生と向き合わなければならない。主体性を持ちえない者は、単なる体制順応者でしかなくなる。そうした新たなシステムの下では、知的エリートの存在感が今まで以上に増してゆくことになる。

むろん日本もこうした世界史的な潮流の変化と無縁ではいられなかった。知的エリートたちは理想とすべき政治体制のあり方を求めて思索を重ね、議論し、志を同じくする者を集めて政治結社を次々に立ち上げた。

注目したいのは、この大変化の時代に「老壮会」という結社が生まれたことだ。堺利彦などの社会主義者、高尾平兵衛らアナーキスト、それに大川周明、北一輝などの国家主義者まで、あらゆる思想的背景の論客が大同団結したかたちの結社だった。いわば極端右翼から極端左翼までが一堂に会した勉強会であったと言える。今となっては、このような結社が存在したことが信じられないのだが、当時はそれが可能だったのである。

一体なぜ、老壮会という結社ができたのか。その時代背景を検証し、老壮会に集まった思想家、活動家の模様を見つつ、彼らが抱いていた国家改造のイメージとはどのようなものだったのかを見ていきたい。

反体制運動の「四つの類型」

その前に、反体制運動について、新たな視点で整理してみたい。近代日本にはさまざまなかたちの反体制運動が存在したが、大まかに四つの類型に分けられる。

第一は、帝国主義をめざす枠組みの中にはあるものの、政府の方針をよしとしないグループである。帝国主義的な国家像を日本の理想だとする方向性は政府と共有しているが、明治政府に欠落していた国家社会主義的な視点やナショナリズム的視点を重視する勢力である。さらに、天皇親政主義的な方向性を重視するグループなどもこれに含まれる。このグループをAとしよう。

第二は、社会主義（共産主義を含める）の方向をめざす勢力である。この勢力は、富国強兵政策にともなう社会の歪みや不平等という点では政府を鋭く批判していたものの、国家の近代化——工業を発展させ、文明化社会の下で生活を豊かにする——という最終目標は、ほぼ体制側と一体である。これをBと考えたい。

AとBの反体制運動は、表面的には対立している。ただ、どちらも欧米列強がもたらした「近代」の枠組みの中にあるという点では、同根である。

第三に、近代化を否定したうえで、天皇を中心とする国家のあり方をめざす反体制運動があった。国家主義とはいえども、Aのような近代の枠組みではない。農本主義の思想家であった権藤成卿のような、資本主義と近代化そのものを全否定し、農村を基盤とした古代国家を範とする国家像を模索するグループである。これをCと名付けよう。

第四に、Cと同じく近代化を否定するものの、天皇中心主義とは逆の方向に走ったものとしてアナーキズムがある。この思想は、権力そのものを否定することにより、国民の自治意識のもとで共同社会が現出されるとする。いわば原始共産制に近いグループともいえる。これをDとしよう。

反体制運動を左翼とか右翼といった単純な二分法ではなく、このような四つの類型で見ると、新たな視野が開けてくる。

反体制派が一堂に会する

頭を整理したところで、明治期の反体制運動をもう一度見てみよう。

たとえば中江兆民や大井憲太郎らは「天賦人権論」に基づき、自由民権論を唱えた。結社で言えば自由党だ。しかしこうした人物や団体を「左翼」とは呼ばなかった。

また、日清戦争後の三国干渉によって民権論から国権論に転じた徳富蘇峰のような言論人もいたが、国権派を「右翼」とみなす考え方も希薄であった。

さらに、昭和七（一九三二）年に五・一五事件に加わった橘孝三郎の「愛郷塾」らのグループは、天皇中心主義という面から、Aの国家主義者と同類の「右翼」とみなされることが多い。しかし、一見Aのように見えるものの、橘の思想の根底には農本主義があった。農本主義の特徴は、国家の基礎を農業と農村に置くところにあり、工業化と富国強兵政策を軸とする帝国主義的な国家像に異を唱えていた。そのように考えると、Cに分類される。これとは逆に、大杉栄らアナーキストたちは「左翼」とみなされることが多いが、日本共産党の設立に関与したメンバーたちとは大きな思想的距離があり、同じカテゴリーに入れるのは適当ではないだろう。

このように見てみると、近代日本の反体制運動は、単純に右翼／左翼に分類するよりも、大きくABCDの四類型にカテゴリー分けしたほうが見通しが良くなる。これら四つの反体制派に、それぞれ五つの地下水脈が流れ込んで行った、と見ることもできる。

大正七（一九一八）年に結成された老壮会は、これら四つの反体制派が一堂に会した結社であった。そして四年近くの活動を経て、自然解消のかたちとなった。老壮会の解散後、反体制運動の結社は、今日的なイメージにおける「左翼」「右翼」といった分類が可能になる。つまり反体制運動は、老壮会でいったん合流した後、そこを起点として右翼と左翼に分かれて行ったと分析していいだろう。老壮会という結社は、近代日本の反体制運動の地下水脈の合流点であり、同時に分流点でもあったのである。

老壮会が自然解消した後、大正十一年には第一次共産党が地下で設立された。また、大正十四年には治安維持法が成立するが、その対象になったのは共産主義者だけでなく、BとDの活動家たちも同様であった。なぜなら彼らは天皇制を否定したからである。

近代日本の反体制運動をＡＢＣＤの四類型に整理したことで、このように見通しがすっきりと開けてくる。

労働運動の盛り上がりと庶民の不満

老壮会が生まれた当時の社会情勢を振り返っておきたい。第１章で述べたとおり、反体制運動は維新後の新政府の政策の歪みをエネルギー源として盛り上がってゆく。自由民権運動の発端は不満を抱え込んだ士族にあった。また、富国強兵政策の矛盾や不条理が、社会主義勢力への希望に転化してゆくという構造があった。

明治後期になっても、それは変わることがなかった。明治三十八（一九〇五）年に日露戦争が終わると慢性的な不況になり、都市が地方の人口を吸収しきれなくなった。もともと耕地が少ない農村では労働人口が余剰となった。農民の窮乏が進んでくると、小作人が組合を結成して地主に掛け合い、小作料の減免を要求する動きも広まった。いわば労働運動の原始的な姿である。

労働運動が活発になると、そのバックボーンとなる指導理論が必要になる。その一つが社会主義思想だった。

一方、政府の側も庶民の不満を無視し続けていたわけではない。不満のはけ口として、「戦争」に目をつけた。日清戦争で日本は賠償金二億両《テール》、台湾などを得、庶民の暮らしも上向いた。その成功体験から逃れられなかったのである。

国外に目を向けると、日露戦争後から第一次世界大戦にかけて大きな動きがあった。日本は明治四十三年、朝鮮半島を併合した。さらに明治四十五年二月には、孫文らによって辛亥革命が起こり、清政府が倒れ、中華民国が樹立された。その二年後の大正三（一九一四）年には第一次世界大戦が勃発。日本は日英同盟に則り、連合国の一員として参戦したが、イギリスの要請を超えて戦線を拡大した。ドイツが東アジアの重要な拠点としていた中国山東省の青島《チンタオ》を占領し、南洋諸島のドイツ領にも侵攻した。

さらに日本は、ドイツが中国大陸に持っていた権益を奪取すべく、大正四年、中国の袁世凱政府に「対華二十一箇条の要求」を突きつけた。その内容は「山東省内の旧ドイツ権益を日本が継承する」「旅順・大連の租借期限及び南満州の鉄道権益期限を九十九年に延長する」「中国政府の政治・財政・軍事顧問として日本人を採用する」などだ。その後、日本側は日本人顧問の採用を棚上げにするなど多少は内容を譲歩したが、主要な部分は袁政権に呑ませることに成功した。

日本政府は武力によって周辺諸国の権益を確保し、「戦争は儲かる」ということをアピールし、庶民の不満を緩和しようとしたのである。

吉野作造と大正デモクラシー

当時の軍部は、戦争を「経済行為」とみなしていた。日清戦争で得た巨額の賠償金で軍備や産業を整備した「成功体験」に味をしめ、「戦争によって国富が増大する」という発想に傾いて行ったのである。日露戦争で賠償金が得られないと知った民衆が大暴動を起こしたのも、「戦争に勝ったら見返りがある」というニンジンを政府がぶらさげていたにもかかわらず、実際には何も得られなかったからだ。

大正七（一九一八）年に第一次世界大戦が終結し、戦勝国となった日本は多くの利益を得た。日露戦争後の明治末期からは慢性的な不況に苦しんでいたが、大戦景気で日本経済は一気に回復した。とくに大きかったのは、世界的な船舶不足によって海運業や造船業に空前の好景気が訪れたことだ。目覚ましい経済発展の中で、資本家の発言権は高まった。日本工業倶楽部や日本経済連盟会など財界人の団体が相次いで結成された。

しかしながら、莫大な利益を財閥が獲得する一方で、労働者たちは相対的に苦しい生活を余儀なくされていた。そうした不満を抱える労働者たちによって、労働運動も勢いを増した。第一次世界大戦は、初めての国家総力戦となり、多くの市民が動員された。連合国側がこの戦争の大義を「民主主義vs.専制主義の戦い」と主張したこともあって、デモクラシー擁護の気運が高まった。日本では、前述のような急激な社会的矛盾の噴出を背景として、民主主義的な風潮が広まった。いわゆる「大正デモクラシー」である。

理論的支柱となったのは、吉野作造である。デモクラシーを「民本主義」と訳し、政治の目的は民衆の福利向上であり、政策決定は民衆の意向に基づくものであるべき、との主張をした。当時の選挙権は、一定額以上の納税をしている二十五歳以上の男性だけに与えられていた。だが、デモクラシーの風潮は必然的に「普通選挙」、つまり納税額に関係なくすべての成人男性に選挙権を与えようという主張を生んでゆく。また、選挙などで国民に選ばれていない宮廷政治家や藩閥官僚、軍部などへの批判も高まった。

こうした中、吉野は大正七年、大山郁夫らとともにデモクラシーの啓蒙団体「黎明会」を結成した。さらに同年、東京帝国大学の学生や卒業生によって「新人会」が結成された。新人会は当初、人道主義的・啓蒙主義的な社会主義思想を追求する人々の集団として出発した。だが、のちに共産主義思想の拠点となってゆく。

米騒動の衝撃

大戦バブルに沸く国内で、為政者たちを震え上がらせる事件が起きた。「米騒動」だ。今日に至るまで、日本史上最大の民衆蜂起として記録されている。

その背景にあったのは、米価の高騰だった。都市部の人口が増える中、主食の米の消費量が増加した。さらに戦争が長引く中で、軍用米の需要も増えた。このため米価が急上昇し、庶民の生活を直撃したのだ。たとえば、当時の東京の相場でみると、大正五（一九一六）年八月に米一石（約百五十キロ）は十三円六十二銭だった。それがわずか一年半後の大正七年一月には倍近い二十三円八十四銭にも上昇したのである。

さらに大隈重信内閣を後継した寺内正毅内閣が、ロシア革命に干渉すべくシベリア出兵を強力に進めたことも米価上昇に拍車をかけた。軍用米の高騰を見越した商人の買い占めに、投機で一儲けしようという勢力が加わって、米価はうなぎのぼりに上昇していった。

大正七年七月、富山県魚津町の漁村の婦人たちが、米の県外移出を差し止めるべく浜辺に集まった。周囲の町でも米の移送禁止や安売りを求める活動が広まった。当初は、ほぼ非暴力で「お願い」中心の活動であったとされる。しかし「越中女一揆」と新聞報道されると、運動は全国各地に広まり、過激化した。八月中旬以降、米の安売りを求めるデモ行進が日本各地で行われた。暴徒化した市民が米商人や精米会社などを襲い警官隊と衝突した。近年の研究によれば、米騒動は四十二道府県に及び、およそ七十万人が加わった。二万人以上が検挙され八千人近くが起訴されている。

米騒動は自然発生的な反政府運動であり、特定の政治勢力に操られたものではない。もちろん、イデオロギーによって連携した運動でもない。だが、そうであったからこそ、為政者や知識人には大きな衝撃をもたらした。寺内内閣はこの米騒動の余波で倒れ、立憲政友会の原敬総裁が首相となった。

ロシア革命が日本の反体制派に与えた〝希望〟

専制国家のロシアでも、政府に対する民衆の怒りは高まっていた。各地の労働運動、日露戦争の敗北などで皇帝による専制政治は弱体化していた。さらに第一次世界大戦への参戦で農民や労働者の生活は圧迫された。

こうした中で、マルクス主義を信奉する勢力が力を得ていった。大戦前からロシア社会民主労働党や社会革命党（エス・エル）が活動を開始し、革命への気運を盛り上げてゆく。大正六（一九一七）年三月、首都のペトログラードで労働者がゼネストをすると、政府は軍隊を出動させて鎮圧しようとしたが、その軍隊までもが労働者に同調し、政府に反抗した。

帝政は倒れたが、主導権を握ったのは共産主義勢力ではなく、自由主義者らによる臨時政府が成立した。臨時政府は議会制を基礎としたブルジョア共和制を目指し、資本主義を認めつつ農村改革をおこなう姿勢を明らかにした。

しかし、臨時政府の統治は長続きしなかった。同年十月にはレーニンらが率いる社会民主労働党のボリシェヴィキ派が武装蜂起し、他派と協力して臨時政府を倒した。農民や労働者、兵士などのソビエト（ロシア語で「会議」の意味）を基盤とする、世界初の社会主義国家が樹立された。ロシアはそれまで連合国としてドイツやオーストリアと戦っていたが、ソ連政府は単独で両国と平和条約を結び、戦争から身を退《ひ》いた。

　日本の知的エリートたちは、ロシア革命に〝希望〟を見出した。明治末期までの日本の社会主義運動は、人道主義と啓蒙主義の影響が強く、ある種の理想郷（ユートピア）を夢見ているような部分があった。ところが、マルクス主義という強力な思想によって武装した民衆が行動し、労働者や庶民の権利が保障された新しい体制が生まれたのである。これは日本の社会、言論界に計り知れない衝撃を与えた。現実にロシア革命が成し遂げられた以上、社会主義は〝夢物語〟ではなくなったのである。

　もっとも、肝心のソ連国内では共産主義体制の出発当初からその理想は打ち砕かれていた。ボリシェヴィキ派は対立する社会革命党などを弾圧した。同派はのちにソ連共産党となり一党独裁体制を固めてゆくが、その段階において陰惨な内部抗争が繰り広げられた。やがて独裁者スターリンの時代になると恐怖政治が始まり、粛清の嵐が吹き荒れ、深刻な人権侵害が続く。だが、当時の日本の社会主義者たちはそんなことを知る由もなかった。

ロシア革命によって日本では今日的な意味における「左翼」の原型が生まれる一方、国粋主義者たちも、富国強兵政策の歪みには危機感を抱いていた。さらには行きすぎた工業化や都市化、資本主義に対するアンチテーゼとしての農本主義も、地方の知識人を中心に深化していった。また、日本が国際社会のメンバーとして認められるにつれ、人種差別やアジア主義に関心を寄せる知識人も増えてきた。

掲げる理念やバックボーンとなる哲学はさまざまだが、「現状を変革しなければならない」という一点においては、反体制運動のめざすところは一致していたのである。

「老壮会」を主宰した満川亀太郎

こうした改革を希求する個人や諸団体を結びつけようとした人物がいた。のちに「老壮会」を主宰する思想家・社会運動家の満川亀太郎である。

明治二十一（一八八八）年に大阪で生まれ、京都で育った満川は、幼少期より早熟の才能を示した。高等小学校在学中の明治三十五年二月、日本銀行京都出張所の雑用係となり、翌月高等小学校を卒業したが、当時から自分で記事を執筆した新聞を出していた。

満川が生まれた六年後に日清戦争が勃発。翌年日本は勝利し清から台湾や遼東半島などを割譲されたのだが、ロシア、ドイツ、フランスの「三国干渉」により、遼東半島を手放さざるをえなくなる。ところが日本が手放した途端、ロシアは遼東半島を事実上占領してしまった。

三国干渉が日本の知識人に与えた影響は大きかった。先に述べたように、徳富蘇峰の転向がその好例といえるが、満川少年もその一人だった。自らが創刊した「誠基新報」（明治三十五年八月十一日付）で、満川は三国干渉について「日本ハ千秋忘ルベカラザル遼東ノ大恥辱ヲ受ケ」と記している。

日銀を二年半で退職し旧制中学校に進んだ満川は、明治四十年、上京して早稲田大学の高等予科、さらに政治経済学科で学んだ。在学中から新聞記者も務めた。二年後には早稲田を退学するが、記者や編集者などとして活動し、各界に幅広い人脈を築いた。

三国干渉で帝国主義のリアリズムを知り、ロシアの横暴に強い憤慨の念を抱いた満川だが、単純な愛国主義者とはならなかった。むしろ自由民権運動の地下水脈を受け継ぐ幸徳秋水らが発行していた「平民新聞」を読むなど、社会主義の思想を積極的に知ろうとしていた。

ただ、社会主義の理念には共鳴していたものの、テロや暴力をもって社会を変革しようとすることには批判的だった。明治四十四年には、大逆事件の被告となった幸徳らに死刑宣告がなされた大審院法廷を傍聴しているが、国家は破壊主義者の監視にエネルギーを費やすよりも若者たちの間に流れている暗いムードを払拭するようなことを考えるべきだと、満川は論じている。

ラース・ビハーリー・ボースと面会

満川亀太郎はアジア主義にも惹かれていく。アジア主義者の頭山満や犬養毅らが主宰する政治結社「亜細亜義会」に入会し、会合では積極的に議論に参加した。同会には日本人だけでなく中国人、インド人、トルコ人、アラブ人、タタール人なども評議員として名を連ねており、国際色豊かな団体であった。これらの活動を通じて、中国の辛亥革命やインド独立問題などにも目を向けるようになる。

大正五（一九一六）年、満川はアジアの将来を憂える同志とともに「三五会」という勉強会を立ち上げる。

三五会には宮川一貫という青年が参加していた。宮川は、インド独立運動の活動家で日本に亡命していたラース・ビハーリー・ボースをかくまうために奔走していた。ボースは武器をインドに密輸出していたことでイギリスから指名手配され、日英同盟下で日本の警察も身柄の確保に動いていた。宮川はボースを満川に紹介し、二人は英語を交えながら話し合ったという。

大川周明も三五会に参加していたが、大川もまたインド独立を熱心に支援していた。この頃、満川は北一輝とも知り合い、親交を重ねたが、北は辛亥革命が勃発すると中国に渡り、革命運動に身を投じていた。

アジアの植民地解放という夢を語り合う彼らの中には、「欧米とは異なる道義的帝国主義国家」の地下水脈が流れていたとみてよい。満川の初の著書『列強の領土的并経済的発展』では、欧米列強の横暴からアジアを守るために、日本と中国が連携することが必要であると説いている。

ただ、アジアに目を向けながらも、やはり満川の関心は日本の「革命」にあった。

満川は当時、こんな考えを記している。

「米騒動によって爆発したる社会不安と、講和外交の機に乗じたるデモクラシー思想の横溢とは、大正七年秋期より冬期にかけて、日本将来の運命を決定すべき一個の契機とさえ見られた。一つ誤てば国家を台無しにして終《しま》うかも知れないが、またこれを巧みに応用して行けば、国家改造の基調となり得るかも測り難い」(『三国干渉以後』)

満川は特定のイデオロギーにとらわれず、結果として日本を良い社会にできるのであれば、反体制勢力は思想の違いを乗り越えて大同団結すべきだという思いを次第に抱くようになる。

思想の交差点をめざす

三五会は一年ほどの活動期間をもって自然消滅となった。しかし、満川亀太郎は多岐にわたる人脈を生かし、思想の交差点とも言うべき、より大きな結社を創設した。それが「老壮会」である。この名称には、老人も青壮年も一緒に議論できる会をめざすという趣旨が込められている。

第一回会合は大正七(一九一八)年十月九日、東京・小石川の清風亭で開かれた。出席したのは自由民権運動の活動家でのちに憲政党総裁も務めた大井憲太郎、海軍中将の上泉徳彌、日露戦争で旅順攻囲戦に参加した陸軍中将の佐藤鋼次郎、のちに国家主義のイデオローグとなり昭和の陸軍エリートたちに多大な影響を与える大川周明ら二十七人だ。三五会の流れで参加した面々が比較的多かったが、議論のテーマはアジア植民地解放問題に限らなかった。

満川がこの会で何をめざしたか、彼のあいさつで確認しよう。

「今や我が国は内外全く行き詰まり、一歩を転ずれば国を滅ぼすに至るの非常重大時に際会しつつあり、即ち国際上には戦局いよいよドイツの敗形を呈し、英米の勢力ますます東洋に増大し来らんとして、支那問題、シベリア問題は最も困難とならん。思想上には民主的傾向世界に急潮を成して流れ、如何に我が国に衝突し来るべきか、はたまた如何にこれを取り扱うべきか、三千年来初めての大経験なりと謂うべし。社会上には貧富の懸隔ますます甚だしく、階級闘争の大波打ち寄せつつあるが、之には貴族、選挙権、富豪、労働者、食料、土地の諸問題に向かって根本的解決を遂げざるべからず。生活上には物価の騰貴、不足等今日盛に論ぜらるるが、帰する所は人口と領土の問題にして、之は最初の国際上の問題に立ち戻るものなり」

第一次世界大戦で戦勝国に連なった日本だが、実際は危急存亡の秋《とき》にある。ドイツの敗戦で、イギリスやアメリカの勢力は東洋で勢いを増すだろう。日本にとって地政学的、経済的にも重要な中国やシベリアの問題をうまく統治してゆくことは難しい。しかもデモクラシーの思潮が日本に流れ込んでいる。太古より天皇を戴いてきた日本にとっては未曾有の体験である。さらに貧富の差を背景に、階級闘争が広まっている。労働政策はこのままでいいのか。納税条件なしの選挙権を認めるべきかどうか。農村の余剰労働力をどうすべきなのか。これらを解決する上で、国際社会でどう振る舞えばいいのか——満川は、老壮会創設にあたり、そうした広い視野、問題意識を示したのである。

左右の枠組みを超えて集う

さらに満川亀太郎は、自由な議論の必要性を強調する。

「この会は誰が発起という訳でなく、内外の形勢は自然に駆ってここに起さしめたるなり。思うに今日の如き時勢となりては、先輩は先輩ばかり、青年は青年ばかり、軍人は軍人ばかり、学者は学者ばかり、支那関係者は支那関係者ばかり集まるということでは役にたつことも少なしと信ず、即ち一切の年齢、職業、階級を縦断する所謂《いわゆる》『縦の交際』を必要とするが、中にも先輩と青年とが常に接触を保ち、相互の思想意見を交換して一方に偏せざるべく努むることを最とす。（中略）この会においては一同親子兄弟になったつもりにて他人行儀を一切排斥し、根本に憂国的精神の存在する以上は、そがたとい所謂危険思想なるも秩序紊乱《びんらん》なるも、何を発言しても、差し支えないということにいたし、五十年前土間の上に蓆《むしろ》を布きアグラをかきて国事を議したる維新志士の精神に立ち返りて、この会を進めて行きたきものなり」

専門分野の壁を越え、年齢の違いをも乗り越えて意見を交換しよう。危険な思想とみなされているものでも、社会秩序を乱すものでもかまわない。この際、無礼講ということにして、自由闊達に議論しようではないか——という呼びかけである。

時代が下って昭和初期の言論弾圧が徹底的におこなわれた時代であれば、とてもこんな大胆な呼びかけをすることはできなかっただろう。自由な議論がまだ可能だった大正デモクラシーの時代ならでは、さらに満川という人物の懐の深さがあればこそ、可能だった宣言といえる。しかも、思想的バラエティに富んだ人材がこの時期の日本に多く存在していたことは、特筆されるべきである。

老壮会は大正十一（一九二二）年まで計四十五回、例会を開いた。参加者は数百人にものぼる。また、講演した主な人物は以下のような面々だ。
▽高畠素之（マルクスの『資本論』を翻訳）▽中野正剛（政治家。戦時下、東條英機首相を批判したとして逮捕され、直後に自殺）▽堺利彦（社会主義者）▽権藤成卿（農本主義者。五・一五事件に参加した橘孝三郎らに影響を与えた）▽鹿子木《かのこぎ》員信《かずのぶ》（海軍軍人として日本海

海戦を経験。国粋主義者で、退役後は大日本言論報国会の事務局長などを務めた）
演題は政治や経済、外交、社会政策、宗教問題など多岐にわたった。
大正八年一月に開かれた第六回会合では、のちに日本共産党の幹部となる山川均をはじめとする社会主義者が多数参加した。大逆事件の後、世間から身を隠していた社会主義者らを討論の場に呼び出したことは特筆に値する。また、満川の人脈で北一輝も同会に書簡を寄せるようになった。
会合は講演者の「言いっ放し」ではなく、座談や議論が盛んにおこなわれた。社会主義者や無政府主義者、軍国主義者や忠君愛国主義者ら、この会でなければ実現しないような思想家や活動家たちが一堂に会する言論空間でもあった。

「極端右翼より極端左翼まで」

老壮会での議論をきっかけに、思想的潮流が変化することもあった。

たとえば大正八（一九一九）年三月の第七回会合では、社会主義者たちの間に「国家社会主義」の分派が生じていることが明らかになった。ロシア革命を受けて、高畠素之は社会主義を言論活動からストライキや労働運動などの実践活動に移していくことを企図していた。これに対し、山川均や荒畑寒村は強い異議を唱えた。

大逆事件以来、社会主義は長く「冬の時代」として苦境にあった。堺利彦は、そうした環境下でも社会主義者のコミュニティを維持するため、「売文社」という会社を設立した。同社は新聞や雑誌向けの原稿執筆や翻訳などを手がけ、現在でいう編集プロダクションに近い存在だった。大杉栄、荒畑、高畠、山川らはここを拠点に生活の糧を得て生き延び、社会主義の灯を守った。

ただ、老壮会で明らかになった高畠らと山川、荒畑らとの亀裂はその後もますます広がり、のちに売文社は分裂することになる。

同年八月二十九日の第二十回の会合では、その堺が講演した。テーマは「純正社会主義者の立場より見たる刻下の形勢」である。ここで堺は「資本家の絶滅」という大胆な予言をし、革命は歴史の必然であると訴えた。のちの「社会主義世界同時革命」を予言するかのような、刺激的な主張である。

満川亀太郎の回顧によれば、堺は「社会主義は当然の帰結なりと論じ、空想社会主義より科学的社会主義への変遷を説述せし後、ドイツの社会政策、フランスのサンジカリズム（注・労働組合主義）、英国の労働組合、米国のI・W・W（注・世界産業労働者組合）、ロシアの労農政治等に就いて比較研究をなし、その各々の特色と異点とを列挙したる後、日本刻下の問題にも及び、如何なる方法に変革さるべきかは疑問なるも、労働階級の実力を以て最後の勝利を得べき世界共通の事実に進むことは明白であると論じて講演を了し」たという。

参加者はどちらかというとアジア主義に親和性のある人物が多かったが、会合が荒れることはなかった。参加者からは質問が相次ぎ、堺は一つ一つ答えた。

「この問答は極端右翼より極端左翼までを網羅したる老壮会の特色を発揮したるものであった」という満川の回顧には、思想的には相いれない者たちの呉越同舟をあえて押し通した言論人としての気概がにじむ。

思想の合流、そして分流

前述のABCDのグループ分けで考えると、老壮会に集った論客は、ほぼすべての思想的な地下水脈が網羅されている。これは画期的なことではあった。

しかし一方で満川亀太郎は、老壮会が「エタイの知れないものになってしまった」と自省してもいる。すなわち「軍国主義者あり、社会主義者あり、将軍あり、労働者あり、学者あり、浪人あり、老人あり、婦人ありで、外から見れば全く如何なる性質の会か分からなかった」というのだ。

そう言いながらも、満川は老壮会以外にもさまざまな団体に顔を出していた。宮崎滔天ら中国での革命を支援する面々が集った「日支国民協会」、パリ講和会議で日本が提案した人種的差別撤廃要求の実現をめざす「人種的差別撤廃期成同盟」、中野正剛らがメンバーとなり日本改造をめざした「改造同盟」などである。こうした満川の行動力は、豊富な人脈を築くことにつながったが、一方で思想的な「核」がどこにあるのかわからなくなってしまったともいえる。

老壮会に参加した者たちは、他にもそれぞれの分野で国家変革をめざし活動した。たとえば高畠素之は、同じ社会主義者であった堺利彦と袂《たもと》を分かち、「国家社会主義」をめざした。その堺は山川均とともに日本共産党（第一次）の結党に参加した。しかし、堺と山川は後に共産党からは離れて「労農派」となった。労農派のメンバーは、第二次世界大戦後は日本社会党左派のイデオローグとして活動した。

中野は国家主義政党「東方会」を結成した。先に述べた高畠らのグループは、いわば「左」側から国家主義の側に転じたが、欧米の学識をそのまま受け入れることに反対であるという意味において、中野らの国家主義に一定の評価を与えていた。日本的な咀嚼《そしゃく》による国家建設の一助として、中野らの国家主義を参考にすべきだとも主張している。

老壮会の結成から解散までの経緯を見てみると、前述のABCDの流れが一堂に会し、影響を与え合い、そしてまた分流して行ったことがわかる。日本の反体制運動は大きく変わったことになり、日本近現代の思想史、政治史において非常に重要なポイントであると言える。思想、国家観がまったく異なる者同士が論じ合うことで、各人の思想や行動に大きな影響を及ぼしたと考えられるからだ。

そして自然消滅へ

老壮会は四年近くの活動を経て自然消滅したが、これ以降、「右翼」「左翼」といった色分けが可能になる。その意味においても注目すべき思想の結節点である。

しかし、老壮会の模様を伝える資料は非常に少ない。左翼は右翼と席を同じくした過去を知られたくなかったのか、あるいはその逆だったのか。アカデミズムによる体系的研究も少ない。しかしながら、老壮会で思想が攪拌《かくはん》され、それぞれの分野での国家変革をめざす地下水脈が分岐していったことの意味は重い。

これほど多様な思想が存在していたにもかかわらず、昭和に入って以降、治安維持法によって反体制運動は見事なまでに壊滅してしまった。なぜ当時の政府がかくも凄まじい弾圧をおこなったかというと、国家が暴力装置（軍）を制御する方法を持たなかったからである。軍を制御する装置は、文民統制（シビリアン・コントロール）しかない。それがなかった結果、反体制派だけでなく、日本という国家がもつ多様性と国家的エネルギーそのものが一気に失われてしまったと言っていい。

弾圧の背景にある国家の意思は、まったく空虚なものだった。反体制派が根絶やしにされた後、日本は思想なき国家、権力だけの国家になってしまった。それゆえに空虚な言語空間と実体のない虚構の空間を作り上げたということになる。

なぜそうなったか。その答えは幾つかに分かれるだろうが、あえてひとつを言えば、明治政府の創立期に思想なき国家、天皇を担ぐだけの国家を作ったツケが回ってきたということだ。原則と法則のない国家を、軍事的成果のみで糊塗してきたことのしっぺ返しを、改めて確認しなければならない。近現代史の最大の問題点である。

第3章　国家主義者たちの群像

陸軍青年将校たちの思想的支柱となった北一輝

「老壮会」から「猶存社」へ

「老壮会」が発足した頃、ロシアでは革命勢力が政権を握った。史上初の社会主義国家の成立は、日本の政治家や軍人、思想家たちに大きな衝撃を与えた。日本国内でも労働争議や農村の小作争議が広まった。言論界ではそれまでのユートピア的な社会主義理論の段階から、実現可能な体制としての社会主義という認識が広がった。そこで、現状に対して具体的にどのようなアプローチをするのか、それぞれの勢力が試されることになったのである。

老壮会では諸派諸思想の者たちが議論を重ねた。すると、それぞれの立場や考え方の違いがむしろ鮮明になり、若手の思想家たちによる結びつきが加速化した。

一方、参加者が多様すぎるあまり「エタイの知れないものになってしまった」という反省も満川亀太郎にはあった。

そうした中、満川は「三五会」の同人を中心に、新たな団体を立ち上げようと考えた。そして大正八（一九一九）年に誕生したのが、「猶存社《ゆうぞんしや》」である。

満川の回顧録『三国干渉以後』には、猶存社設立の経緯について、こう記されている。

「老壮会の国家主義者中、一途に国内改造を目指せる人々は、最早毎週第一回位の集会討究に満足出来なくなった。出来得るならば夜を日に継で始終集って来て、イザ大事勃発の時機には即刻間に合わせるだけの準備を整えて置かねばならぬと思った」

満川は、仲間の山田丑太郎、何盛三《がもりぞう》、平賀磯治郎を集めて、新たな会の名称をどうすべきか議論した。『唐詩選』の巻頭にある魏徴の述懐に「慷慨志猶存」とあるが、これがよいのではないか、と満川は提案した。

「今や天下非常の時、何時までも文筆を弄しているべき秋《とき》ではない。我らは兜《かぶと》に薫香をたきこめた古名将の如き覚悟を以て日本改造の巷《ちまた》に立たねばならぬ。慷慨の志猶存す。猶存社の名は佳いではないかと言うと、諸君が非常に賛成せられて、その通りに決定した」

戦国時代の武将が出陣する際、討ち死にして敵に首を取られた時のことを想定し、あらかじめ香をたき、兜に薫りをつけておく。討ち死にした後も薫香を放つことが、武士の美学だった。社会の非に憤るわれわれが結社するに当たっては、かように死を覚悟して国家改造をめざす、という決意の表れであった。

老壮会が議論の場であったのとは対照的に、猶存社は「純然たる実行的思想団体」をめざした。

北一輝と大川周明

猶存社の中心メンバーとなったのは、北一輝である。

北は明治十六（一八八三）年、新潟県佐渡島に生まれた。本名は輝次郎。旧制佐渡中学を中退後、早稲田大学の聴講生として学びつつ、ほぼ独学で独自の革命理論を形成していった。明治三十九年に既存の天皇制を批判する『国体論及び純正社会主義』を出版したが、これが不敬罪にあたるとして発禁処分とされた。

その後、北は宮崎滔天の知己を得て革命評論社に入る。宮崎はアジア主義の第一人者であり、実際、孫文を支援して辛亥革命への道筋をつけた人物ではあるが、活動の出発点は自由民権運動であった。また、若き日にはキリスト教からの影響も強く受けており、これらの地下水脈が流れ込んでいるのが興味深い。

北は国家主義への傾倒を強めるとともに、革命を志すようになる。明治四十四年、国家主義者団体「黒龍会」機関紙の特派員として中国・上海に渡った北は、中国風の「北一輝」の名を名乗るようになる。そして、中国の辛亥革命に関与してゆく。その後、国外退去命令を受けて日本に一時帰国するものの、ふたたび上海に渡った。

大正八（一九一九）年、そんな北を訪ねて上海までやってきたのは、老壮会に所属していた大川周明であった。

大川は明治十九年、山形県酒田市に生まれた。東京帝国大学哲学科卒業後、インドの独立運動を支援するなどし、アジアの連携をめざす「アジア主義」の論客であった。大川は南満洲鉄道株式会社（満鉄）嘱託などを経て、老壮会に参加する。その後、大川の思想は陸軍の若手エリートたちに多大な影響を及ぼすようになる。昭和六（一九三一）年の三月事件、十月事件、翌昭和七年の血盟団事件、五・一五事件など、昭和初期に日本を震撼させたクーデター未遂や政治テロのいずれの事件にも関与した。また、満州事変の首謀者らにも思想的な影響を与え、戦後の東京裁判ではA級戦犯として起訴された。一方で、晩年にはコーラン全文を翻訳するなど、イスラム教、イスラム文化にも造詣が深かった。

大川周明

北はふたたび上海に渡る前に満川亀太郎と親交を結んでいたが、大川と満川は北に帰国するよう説いた。説得に応じた北は、執筆中の「国家改造案原理大綱」を携えて帰国し、大川とともに猶存社に参加した。

国家改造案原理大綱はのちに「日本改造法案大綱」と改題される。北が三十六歳のときに書き上げたこの大綱には、「今ヤ大日本帝国ハ内憂外患並ビ到ラントスル有史未曾有ノ国難ニ臨メリ」という時代認識のもと、「挙国一人ノ非議ナキ国論ヲ定メ、全日本国民ノ大同団結ヲ以テ終《つい》ニ天皇大権ノ発動ヲ奏請シ、天皇ヲ奉ジテ速《すみや》カニ国家改造ノ根基ヲ完《まっと》ウセザルベカラズ」とある。また、枢密院や貴族院、華族制の廃止、天皇財産の国有化、私有財産・私有地の制限などを提言している。さらには言論の自由、二十五歳以上の男性に選挙権を認めることなど、当時としては非常に急進的な内容も含んでいる。

北の「日本改造法案大綱」は満川らの手によって猶存社から頒布された。いったんは政府によって発禁処分とされたが、のちに伏せ字だらけの形で改造社から復刊された。天皇を頂点とする国家体制を実現し、明治維新以来の階級秩序や、資本主義の浸透による貧富の差を覆そうという北の思想は、北の側近で陸軍士官学校の学生であった西田税《みつぎ》を通じて陸軍の青年将校らの間に広まった。また、「日本改造法案大綱」の伏せ字を埋めたプリント版も出回り、青年将校たちがひそかに回覧していた。北の思想に感化された青年将校らが、のちに二・二六事件の中心メンバーとなる。

右派の思想的拠点

帰国した北と大川を迎えて、猶存社は再出発する。

猶存社のスローガンは「日本帝国の改造とアジア民族の解放」で、西田税や陽明学者の安岡正篤《まさひろ》らもメンバーだった。猶存社は機関誌「雄叫び」を刊行し、右派の思想的拠点として活動を始めた。同誌に掲載された猶存社の綱領は、以下の通りである。

一、革命的大帝国の建設運動
二、国民精神の創造的革命
三、道義的対外策の提唱
四、アジア解放のための大軍国的組織
五、各国改造状態の報道批評
六、エスペラントの普及宣伝
七、改造運動の連絡機関

八、国柱的同志の魂の鍛錬

ここには「五つの国家像」の地下水脈が複数合流している。ただ、「革命」を叫びながらも左派の革命とは一線を画し、日本的精神に軸足を置きつつアジアの解放をめざした。

高畠素之の国家社会主義

しかしながら、猶存社に参加していたのは右派だけではない。社会主義運動の旗手であった高畠素之は老壮会に参加していたが、猶存社にも引き続き参加していた。日本で初めてマルクス『資本論』の全訳をした高畠は、北や大川とは別のかたちで国家改造をめざすようになる。満川の回顧録には、こう書かれている。

「当時日本には未だコムミニストなる者はなかった。『主義者』と呼びなされた社会主義者が最左翼を承ってはいたが、資本論の邦訳すらが許されていなかったほどであるから、もとより果敢なる実践に移ることなど思いも寄らず、わずかに売文社の楼上に籠城して、雑誌『新社会』誌上、局限されたる筆に鬱憤の小出しをしていた位であった。だが高畠君一派は社会情勢漸《ようや》く我に佳なるを認識し、何時までも売文社の山上に日和見をしていることとがもどかしくなったらしい。殊に老壮会に接触してからは一段とその自信を強めたのであろう。同人に対してしきりに山を下るべきことを説いたが、堺、山川両氏は尚早の故を以て承知しなかった」

堺利彦が設立した売文社は、新聞や雑誌の原稿執筆や翻訳などを手がけていた結社だ。大逆事件で幸徳秋水らが処刑され、社会主義勢力が根絶やしにされかかった時代に、社会主義者たちのコミュニティを守った独自の思想団体である。高畠は堺、山川均とともに同社で言論による社会主義推進をめざしていた。

だが、高畠は次第にそれでは飽き足りなくなった。より急進的な国家社会主義を提唱するようになる。老壮会と猶存社で受けた刺激が、高畠に影響を与えたのであろうか。

高畠は堺らと袂を分かち、大正十二（一九二三）年に経綸学盟を結成、国家社会主義者の育成に当たった。天皇主権説論者で、天皇機関説の美濃部達吉と激しい論争を繰り広げた上杉慎吉（東京帝大教授）とも連携した。老壮会が終焉した大正十一年から昭和初頭までの数年間は、国家主義運動、民族主義側の陣営にとって、胎動期であったともいえる。

「共産主義に対抗できる思想」を求めて

老壮会に集った思想家たちが分岐していった時代は、第一次世界大戦後の軍縮が進んでいた時代でもあった。大正十一（一九二二）～大正十二年には陸軍の旅団、連隊などを廃止する軍縮があった。加藤友三郎内閣の陸軍大臣、山梨半造が断行したことから「山梨軍縮」と呼ばれる、日本陸軍史上初の大規模な軍縮だった。また大正十四年には、加藤高明内閣の陸軍大臣、宇垣一成《かずしげ》によりさらに大規模な軍縮（四個師団の廃止）が行われた。海軍でもこの頃、ワシントン海軍軍縮条約が結ばれ、日本も参加している。

大正デモクラシーの潮流もあり、この時期の軍人は敗戦までの日本において、最も肩身が狭かった時代だろう。陸軍の教育機関からは中退者が続出し、軍人が軍服を着て街を歩くのを避けた、との証言さえ残っている。

当時は昭和の軍人らによる大規模なテロが起きる前であり、のちに軍部と連携する右派の動きもまだ目立たなかった。しかし、この時期にはさまざまな思想の胎動があった。思想系雑誌などのメディアが活性化し、右翼結社の会報誌も盛んに刊行された。大正十一年には、堺利彦らにより第一次共産党が結党され、マルクス主義系の論考も出始める。

大正六年にロシア革命が起きて以来、共産主義は日本の為政者にとっては大きな脅威となった。天皇制を否定するその主張は、日本の国体とはまったく相容れない。とりわけ軍部は、天皇の「統帥権」を盾として内閣や国会から介入されない特別な地位を築いていたがゆえに、なおさら共産主義への脅威を強く抱いていた。

だが軍部は、共産主義に対抗できるだけの思想を持たなかった。「反共」だけでは思想ではない。ゆえに外部から思想を借りる必要があった。大川周明や北一輝の説く国家社会主義の思想は、軍部の青年将校らには魅力的なものに映った。そうした思想の発信地として、猶存社は異彩を放っていた。

だが、猶存社は長くは続かなかった。個性の強い大川と北が思想をめぐって衝突するようになる。大正十二年には亀裂が決定的になった。時の東京市長、後藤新平が日ソ国交回復の準備のため、ソ連の外交官アドリフ・ヨッフェを招いた。満川亀太郎と大川はこれを支持したが、北は強硬に反対した。この対立の結果、同年に猶存社は解散してしまった。

その後、満川と大川は新たに行地社を結成し、「維新日本の建設」や「有色民族の解放」などを綱領に掲げた。大川はここを拠点に、板垣征四郎、橋本欣五郎ら革新派軍人との連携を強めていった。

皇道派vs.統制派

第一次世界大戦では、欧州は世界初の総力戦を経験した。前線で戦う兵士だけでなく、「銃後」と呼ばれていた国民たちも戦争に巻き込まれた。日本は陸海軍とも局地的な戦いにとどまり、総力戦には至らなかったが、陸軍のエリート軍人たちは終戦後の欧州に渡り、総力戦時代における戦争のあり方を研究した。

その一人に永田鉄山がいる。明治十七（一八八四）年、長野県に生まれた永田は、陸軍幼年学校時代から秀才の誉れ高い逸材だった。陸軍大学校卒業後、ドイツやデンマーク、スウェーデンに駐在し、国家総動員時代の戦争のあり方を研究した。帰国後は「統制派」の中心人物として、軍の改革を進めようとした。陸軍省では初代の動員課長となり、実際の国家総動員戦を睨んだシステムを模索していた。

当時の陸軍内では「皇道派」と「統制派」が鋭く対立していた。皇道派は天皇親政をめざすグループで、陸軍大臣を務めた荒木貞夫、参謀次長、教育総監を務めた真崎甚三郎を中心に力を持っていた。一方の統制派は、軍事力は合法的かつ組織的に運用されるべきで、高度国防国家をつくるためには官僚や財界人と緊密なネットワークを保たなければならないという考えであった。その中心にいたのが永田であり、陸軍大臣の林銑十郎であった。

両派の対立が激化する前から、陸軍内では永田と同年代の陸軍士官学校十六、十七期の中堅将校らが中心となり、「二葉会」「木曜会」「一夕会《いっせきかい》」などの研究会を設けていた。十六期からは永田のほか、岡村寧次《やすじ》、板垣征四郎などが参加。十七期からは東條英機らが参加している。他にも、のちに陸軍大将となる山下奉文《ともゆき》、インパール作戦を指揮する牟田口廉也、満州事変の首謀者となる石原莞爾《いしわらかんじ》などが参加し、新たな総力戦にむけた論理の構築に勤《いそ》しんでいた。彼らの関心事は、明治維新以来ずっと陸軍人事を牛耳っていた「長州閥」の打倒、そして第一次世界大戦から日本は何を教訓として学ぶべきか、であった。

陸軍ではドイツ派の軍人が中心であっただけに、ドイツ敗戦の理由を軍ではなく国民に求めがちだった。つまり「兵隊が前線で戦っているのに、後方に居る国民が軟弱だった。だから負けたのだ」という短絡的な見方だ。だが、永田は国家総力戦を遂行するためにはまず軍の改革こそが必要と考えていた。永田は国家と軍との関係について、明確なビジョンを持っていた軍人であった。

しかし、一夕会に集った中堅将校らの考えは、陸軍の改革という当初の目標から次第にずれてゆく。とりわけ北一輝の国家社会主義に感化されたグループは「天皇親政」を掲げるようになる。皇道派の誕生である。中堅将校らは「国家総力戦のためには、国民と国家の資産を軍の思い通りに使えなければならない」という都合の良い解釈をするようになる。また、陸軍の人事は長州閥優先を脱したものの、陸軍幼年学校、陸軍士官学校、陸軍大学校での成績至上主義となってしまった。

永田鉄山の死

国家社会主義という思想的武器を得た軍事エリートたちは、武力による社会変革を試みるようになる。たとえば関東軍参謀となった河本《こうもと》大作が起こした張作霖《ちょうさくりん》爆殺事件がその代表的なものだ。河本は一夕会のメンバーでもあった。

かつて明治維新の元勲、山縣有朋が日本の「利益線」と位置づけた中国の満州は、ソ連を仮想敵国とする日本陸軍、とくに関東軍にとっては地政学的に極めて重要な地であった。日露戦争以降、満州における日本の権益は「点」にすぎなかったが、南満洲鉄道の拡大とともに「線」として確保されるようになった。これをさらに「面」にしていくというのが、河本ら一夕会に集った軍人らの基本戦略だった。

関東軍は当初、地元の軍閥である張作霖を傀儡《かいらい》として満州を統治しようとした。だが、張作霖は次第に関東軍の言うことを聞かなくなった。張作霖には中国全域を支配する野心もあった。一方で蔣介石の国民党が国土統一をめざし北京に向けて北上していた。関東軍はこれを牽制《けんせい》しつつ、張作霖の説得を続けたが、張作霖はこの意向には沿わなかった。関東軍にとって、もはや張作霖に利用価値はなかった。昭和三（一九二八）年、関東軍は奉天近郊において、張作霖が乗った列車ごと爆破した。

張作霖の後を継いだのは、息子の張学良である。当初、河本らは「張学良はアヘン中毒のならず者」と侮っており、彼を懐柔して満州統治の傀儡にできると目論んでいた。ところが張学良は英国人の家庭教師に学んだ知性派であり、傀儡になるどころか蔣介石に忠誠を誓い、日本の敵対勢力に回ってしまった。河本らの陰謀は、見通しが甘かったのだ。

昭和十年八月、皇道派に属する相沢三郎中佐によって、永田は斬殺されてしまう。相沢が、前任地から台湾へ赴任する途中、東京の陸軍省に永田を訪ね、軍刀で斬殺したものだ。

陸軍の中枢部で幹部が白昼堂々と暗殺されたのも前代未聞だが、さらに驚くべきは、犯人の相沢はまったく悪びれた様子もなく、「維新ができた」と感激を口にし、永田斬殺後そのまま赴任地の台湾に向かうつもりでいたことだ。

異常な殺人犯が、正気で大義を口にする――当時の価値観がいかに倒錯していたかを示すエピソードであった。相沢の行動は、皇道派の青年将校たちに大きな影響を与え、二・

二六事件へと繋がってゆく。これについては第4章で詳述したい。

永田の斬殺と二・二六事件は、陸軍内の人事にも決定的な影響を及ぼした。統制派の中から永田に代わって台頭してきたのは、東條英機らのグループであった。日本は破滅へと導かれることになる。

何でもアリの「天皇のための大善」

なぜ日本政府はこのような場当たり的な軍の暴走を招いてしまったのか。

明治維新後、伊藤博文や山縣有朋らが国の制度設計をする中で、軍人を政治に関与させないという方針（文民統制）を打ち立てていた。それは、当時隆盛していた自由民権運動が軍に流入することを防ぐための措置でもあった。

しかし昭和に入ると、軍人の側が積極的に「思想」を求め、思想によって武装し、国家改造をめざして政治に積極的に関与するようになった。とりわけ北一輝の国家社会主義は、陸軍皇道派が求めるものであった。

ただ、彼らの思想は、最終的には「軍が天皇を取り込んで、国家を好きなように運営する」ための方便に過ぎなかった。とくに昭和の陸軍は、次第に思想さえ放擲《ほうてき》し、理性的な判断を全否定するようになった。その行動は常軌を逸していった。

かつて私は、国家改造運動に参画した元軍人に「なぜクーデターを起こそうとしたのか？」と訊いたことがある。元軍人の答えはこうだった。

「天皇はまだ若様なんだ。この若様に手柄を持たせてやろうじゃないか、明治天皇が大皇帝だと世界的に言われるのと同じように、昭和の天皇さんも俺たちが頑張って大皇帝にしてやろうじゃないかと、われわれは考えた」

国家改造をめざした軍人たちは当時、三十歳代後半〜四十歳代の中堅だったが、昭和天皇は三十歳を迎えたころで、彼らからみれば「若様」であった。さらに彼はこう言った。

「善なることには、小善と大善がある。小善とは軍人勅諭に忠実に、善き軍人であることだ。一方、大善とは陛下のお気持ちを察し、それに先回りして仕事をし、陛下のお手柄にしていくことだ。われわれが意図した国家改造運動とは、大善にほかならない」

それを聞いた私が「大善ならば、何をしてもよいということか？」と問うと、彼は「それは当然だ。陛下のためになるのだから。それがなぜ悪いのか？」と開き直った。

重ねて私が「では、天皇のためならば、張作霖の爆殺も含め、あらゆる行為が正当化されるのか？」と問うと、彼はこう断言した。

「大きく言えば、それが陛下と国家のためである」

ここで注意しておきたいのは、「天皇のため」とは言うものの、これは天皇自身が本心から望んでいたことではない、という点だ。あくまで軍部が勝手に考えたことにすぎない。しかも、天皇のためではなく、軍部の利益のためだった。昭和初期は、そうした独善的な思考が軍人の基本的な世界観、歴史観、人間観として染みついていた時代でもあった。

「昭和維新」という名の暴力革命

軍部、とりわけ陸軍皇道派がめざしていた国家像は、天皇親政国家ということになる。私は国家変革をめざしていた当時の軍人らに何度も取材を重ねてきたが、彼らの論理を要約すると「日本は天皇陛下のお言葉、ご意思によって動く国である。われわれ軍人は陛下のご意向を汲んで、実際の行動を起こすのだ」というものであった。しかし、天皇親政を守り抜くための強固な思想的バックボーンを彼らが持っていたようには感じられなかった。

日本と同じ枢軸国のドイツにはヒトラーのナチズムがあり、イタリアにはムッソリーニのファシズムがあった。これらの国々には固有の思想があり、それを実行するための政治・行政システムが存在し、その先の暴力装置として軍があった。

私はもちろん、ナチズムもファシズムも肯定しないが、日本にはこれらの国々のような強固な思想はなかった。自前の思想がないから、借りもので済ますしかない。

そこで青年将校らが惹かれていったのが、北一輝の国家社会主義をはじめ、農本主義、無産政党の反共産主義などであった。これらを借用して国家の改造をめざそうというのが、「昭和維新」の本質であったと言える。

しかし、しょせんは借りものの思想であり、根底にあったのは「軍がすべてに優先する」「軍の組織原理イコール国益」という独善的な思い込みだけであった。

本書の前作で述べたように、明治維新の本質とは、軍事による暴力革命であった。それから約六十年後。陸軍の青年将校らが標榜した「昭和維新」も暴力革命となってゆくのは、歴史の必然であった。

とめどないテロの連鎖

暴力革命を志向した軍内の組織として、「桜会」があった。昭和五（一九三〇）年、陸軍の橋本欣五郎中佐、長勇《ちょういさむ》大尉らが中心となって結成した桜会は、主に参謀本部の若手佐官や尉官二十数名からなる秘密の政治結社だった。大川周明の影響を受けた同会は、クーデターによって軍部政権を樹立し、国家改造を行うことをめざした。

昭和六年三月、桜会はクーデター未遂事件（三月事件）を起こす。橋本をリーダーとする将校らが陸軍大臣の宇垣一成をクーデターによって首相に担ぎ、軍事政権を樹立して国家改造をめざすという計画だった。具体的には、まずは大川と連携する無産政党の一派が一万人規模のデモ隊を組織して議会を包囲する。さらに右翼の決死隊が政友会、民政党本部と首相官邸を襲撃する。それを受けて軍が「治安維持」を名目として出動し、濱口雄《お》幸《さち》内閣を総辞職させ、宇垣に大命降下させる――というものだった。だが宇垣は途中まで計画に乗っていたものの、最終的には参加を躊躇し、クーデターは未遂に終わった。

この失敗であきらめるどころか、橋本ら桜会のメンバーは同年十月、さらにクーデターを計画した（十月事件）。同年九月に満州事変を起こした関東軍幕僚に呼応し、事変の不拡大方針を打ち出していた第二次若槻禮次郎内閣の打倒をめざすというのがクーデターの大義だった。計画では、桜会の将校が十数個中隊の兵力を動員し、閣僚や政党幹部、財界人を次々に殺害する。これを受けて戒厳令を布告し、荒木貞夫陸軍中将を首班とする軍部政権を樹立する、というものだった。この計画には、大川や北一輝、「血盟団」の井上日《にっ》召《しょう》のほか、農本主義者の橘孝三郎の影響下にある「愛郷塾」のメンバーも加わった。

ところが直前に橋本らは憲兵隊に検挙され、これも失敗する。事前に軍の上層部から情報が漏れて、決行予定者が拘禁されてしまったのだ。この事件をきっかけに、桜会は事実上の解散となる。ただ、クーデターは失敗したものの、彼らが打倒をめざしていた第二次若槻内閣が総辞職する遠因にはなった。

一方で、クーデター計画が軍上層部から漏れたことに不信感を抱いた青年将校たちは、上層部をあてにせず自分たちで革命を起こそうとの方向に傾いてゆく。国家改造のためならテロを起こしてもかまわないという発想は、軍部に根強く残ったままだった。

血盟団事件から五・一五事件へ

年が明けて昭和七（一九三二）年二月には、井上日召率いる「血盟団」が要人暗殺事件を起こした。

井上は、茨城県大洗町の立正護国堂を拠点とする日蓮主義者であったが、暴力テロをも厭わない過激な右翼思想家だった。青年らを集めて運動を行い、テロによる国家改造を考えた。当初、井上は十月事件に同志とともに参加するつもりだったが、これが失敗に終わると、自分たちが主導してテロを起こし、国家改造をめざす路線に切り替えた。特権階級や政財界の巨頭ら約二十人を対象として「一人一殺」をめざし、団員のそれぞれに以下の要人を暗殺するよう割り当てた。

西園寺公望（元老。実質的な首相の任命者）／徳川家達《いえさと》（貴族院議長）／牧野伸顕（内大臣）／伊東巳代治（枢密院）／犬養毅（総理大臣）／若槻禮次郎（前総理大臣）／井上準之助（前大蔵大臣）／團琢磨（三井合名会社理事長）／池田成彬《しげあき》（三井銀行筆頭常務）

同年二月、まず井上準之助を団員の小沼正《おぬましょう》が狙撃。井上は病院に運ばれたが死亡した。さらに三月、菱沼五郎が團琢磨を撃ち殺害した。

血盟団事件には、海軍将校の藤井斉《ひとし》も深く関与していた。藤井はもともとアジア主義に傾倒していたが、のちに大川周明らから思想的影響を受け、国家主義に吸い寄せられていく。海軍における国家改造運動のリーダーとなり、志を同じくする海軍青年将校を集めて「王師会」という勉強会を結成していた。藤井は井上日召と深い親交を結び、血盟団事件にも参加する予定であった。だが、直前の昭和七年一月に第一次上海事変が勃発し、出征した藤井は戦死してしまう。

藤井の死後も、テロの思想は海軍内で引き継がれた。同年五月、海軍青年将校らを中心にした五・一五事件が発生する。藤井から思想的感化を受けていた海軍中尉の古賀清志や三上卓らが中心となり、犬養毅首相を殺害した事件だ。大川や、国家主義者で「紫山塾」を開いていた本間憲一郎、「天行会」の頭山秀三らがこれを支援した。古賀ら海軍士官が六人、陸軍士官候補生が十一人、さらに血盟団に近いメンバーらが首相官邸や政友会本部、警視庁などを襲撃した。

一方、橘孝三郎が主宰していた愛郷塾塾生らによる別働隊は、「農民決死隊」として東京市内の変電所を襲った。支配者階級を打倒し、軍部中心の内閣による国家改造をめざしたテロであった。

ここで注意すべきは、昭和初期には、国家主義者や農本主義者の側から積極的にテロやクーデターを起こしたのではなく、軍の側がテロリストを取り込んでいった、という点だ。国家改造をして軍が主導権を握るためには、大義名分をもったクーデターが必要となる。だから国家主義者や農本主義者をテロに利用する、という形になったのである。

「北一輝の本質は共産党と同じだよ」

昭和十一（一九三六）年には、陸軍青年将校らが蹶起《けつき》し、二・二六事件を起こした。首謀者の青年将校らは、主に第一師団歩兵第一連隊、歩兵第三連隊と近衛師団近衛歩兵第三連隊に属していた。第一師団は満州に派遣されることが内定していたが、青年将校は自分たちが満州に送られる前にと蹶起を思い立ったのだ。

二月二十六日早朝、青年将校らに率いられた兵士およそ千五百人は、各所を襲撃した。首相官邸では岡田啓介首相と誤認して義弟の松尾伝蔵陸軍大佐と護衛警官を殺害。さらに高橋是清蔵相、斎藤実《まこと》内相、渡辺錠太郎陸軍教育総監をそれぞれ殺害した。警護していた警官五人も殉職した。鈴木貫太郎侍従長は重傷を負った。

青年将校たちは、天皇を柱とする国家改革を訴えた北一輝の影響を強く受けていた。北は特有の魅力がある人物だった。その思想の独自性といい、実際に中国で革命に身を投じた大胆さといい、今日に至るまで多くの研究者らが研究対象としてきたのも頷ける。そうした中で、北とは別の観点から国家改造をめざしていた橘孝三郎の、北に対する人物評が興味深い。

私は昭和四十年代の終わり頃、『五・一五事件　橘孝三郎と愛郷塾の軌跡』（ちくま文庫）を上梓するにあたり、一年にわたって橘から話を聞いた経験がある。今日的な「右翼・左翼」というカテゴリー分けをすると、橘も北も同じ「右翼」に見えるかもしれない。しかし、北の国家社会主義と橘の農本主義はまったく違うものである。

実際、橘は北を強く批判していた。その理由を問うと、橘は「君、考えてもみなさい。北一輝の本質は共産党と同じだよ」と言い、こう続けた。

「共産党の論理というのは、一つではない。マルクス・レーニン主義という一本の道だけではなく、さまざまな道がある。北の提唱していることは、その一つにすぎない」

さらに橘は、北の天皇観についてもこのように批判した。

「北が指している天皇とは、生身の天皇のことではない。抽象的存在、形而上の概念としての天皇である。だから私は北の思想を批判する」

橘から見れば、いかに北が天皇親政を掲げていたとしても、それは「近代」の枠組みの中での天皇親政ということでしかなかった。第2章で紹介した反体制派のカテゴリー分け（62〜63ページ）で言うならば、北の思想はA、橘の思想はCと言える。

共産主義者がしきりに喧伝《けんでん》していた「地主vs.小作」という対立構造を、橘は「本質的ではない」として退けていた。むしろ、近代が農村に持ち込まれることで、農村そのものが収奪の対象となることを、橘は強く危惧していた。

なぜ橘孝三郎は五・一五事件に参加したのか？

しかし、ここで大きな疑問が浮上する。橘孝三郎のナショナリズムがなぜ陸海軍青年将校のテロと結びついたのかである。橘のナショナリズムは農業と「土」に根差しており、近代的階級闘争とは一線を画していた。いや、むしろそれを否定することが農本主義の本来目指すところであったはずだ。それがなぜ、五・一五事件に参加したのか——。

橘の証言によれば、青年将校たちからは以下のような説得をされたという。

「我々は先生（橘）を指導者にして蹶起したい。我々の指導者は大川（周明）先生や北（一輝）先生ではない。とはいえ（橘と同じ農本主義者の）権藤（成卿）先生でもない。我々を理解してくれるのは橘先生だけなのです」

私は橘に、五・一五事件に参加した理由を繰り返し問うた。明確な答えは返ってこなかったが、こんな趣旨の言葉を語った。

「青年将校たちは、農村を潰したら日本は潰れると言っていた。どんなことをしても農村は守らねばならないという点で、わしの考えと一致していた。見るに見かねて参加することを決めた」

しかし、橘の口ぶりからは、北の「日本改造法案大綱」が社会主義に通じることを橘が批判的に見ているにもかかわらず、陸軍の青年将校たちには北の理論が強い影響力を持っていたのを、橘が内心では不愉快に思っていることが伝わってきた。

ただ、自分より一回り以上若い青年将校らに頼りにされたら、橘は拒めなかった。

橘は旧制水戸中学から旧制一高というエリートコースを途中で降り、名誉も欲も捨てて故郷に帰った。「百姓こそ生きる道」と決めて郊外の土地を開墾し、理想郷を作ろうとしてきた。文字通り晴耕雨読の生活を送り、思想と行動を一致させてきた。地域社会では模範的な人士と敬愛されていた。

橘孝三郎

しかし、愛する農村にも近代化の波が押し寄せていた。旧《ふる》き善き地域社会が荒廃してゆくことに、橘は耐え難い思いを抱いていたのだろう。思想的には完全に一致しない海軍将校らに協力したことは、農本主義者としてギリギリの決断だったことが窺えた。

青年将校らのクーデターは失敗に終わった。北は青年将校を使嗾《しそう》した者として立件され、軍事裁判で死刑になった。

北は二・二六事件そのものには直接関与していなかった。しかし、軍部にとってそれは問題でなかった。軍部は北の思想の内容そのものより、青年将校らが北の思想に影響を受けてクーデターを起こしたこと自体に驚き、恐れていた。軍部にとって、もはや北は邪魔者にすぎなかったのだ。

「日蓮原理主義」の地下水脈

昭和初期の国家主義者たちの淵源をさかのぼっていくと、不思議なことに「日蓮主義」という共通項が浮かび上がってくる。「血盟団事件」の首謀者である井上日召、陸軍中将で満州事変を引き起こした石原莞爾らは、日蓮主義の多大な影響を受けている。また、北一輝も熱心な法華経信者であった。晩年の北は日夜、「妙法蓮華経」を読誦し、死ぬまでその習慣を捨てなかったという。なお、北は日蓮が流された佐渡の出身である。

ただ、日蓮主義者＝国家主義者＝テロリストといった単純な構図があるわけではない。たとえば詩人で童話作家の宮沢賢治、北原白秋、文芸評論家の高山樗牛《ちょぎゅう》なども日蓮主義の影響を受けている。ゾルゲ事件の首謀者として処刑された元朝日新聞記者の尾崎秀実《ほつみ》も、日蓮主義に連なる人物だ。

また、ひとくちに「日蓮主義」と言っても、右は超国家主義から左は仏教社会主義まで幅広く、一概にイメージを固定化できない。

ただ、日本の近代の夜明けとともに、「日蓮の教えの原点に立ち返ろう」という一種の原理主義が勃興し、思想界だけでなく実社会にも大きな影響を与えた。そうした近代における日蓮再発見の動きを総称して「日蓮主義」と呼ぶことにする。

では、なぜこの時期に日蓮主義が勃興したのか――。いささか結論を先取りするかたちになるのだが、もともと日蓮の教義には、極めて明晰で鋭い論理性が内在している。そのため論争を厭わず、時には相手を徹底的に論破するまで論を闘わせるという特徴がある。また、法華経を唯一の正法《しょうぼう》とし、他宗派を邪教とみなして、「広宣流布」のために積極的な運動を繰り広げるという攻撃的な一面もある。

さらには、日蓮が鎌倉幕府に向けて『立正安国論』を著したことからもわかるように、「国家」のあり方を強く意識した宗派でもある。そうした特質が、欧米文化が怒濤のごとく押し寄せた開国後の動乱期に人々の心を摑んだとみることができる。

神道国教化と廃仏毀釈の大嵐

日蓮主義について見ていく前に、まずは日本の近世における「宗教」が置かれた状況を大まかに振り返っておきたい。

江戸時代の幕藩体制下では、信教の自由は基本的に認められていなかった。領主は領民が特定の宗教を信じることを恐れた。形而上的なものへの信仰は、形而下の存在である藩の権力の弱体化につながりかねないからだ。キリスト教はもちろん、日蓮宗不受不施派(僧は法華経を信じていない者からの布施・供養を受けない。法も施さない。信者は法華経を信じない僧には布施・供養を施さない。その教えも受けないという宗派)は、存在そのものが認められず、厳しい弾圧を受けた。

庶民の生活の規範となったのは、共同体の中で生きてゆくための倫理や道徳であり、そうした秩序の中に信仰が吸収されていった。寺は檀家制度を通じて、民衆管理の一部門として機能していた。いわば藩の権力の末端で、宗教が行政的な役割を果たしていたのである。加えて、もともと日本には「すべてのものに霊性がある」というアニミズム的自然観があり、一神教が浸透する余地がなかった。「祈り」とは豊作や日常の安寧を求める儀式だった。そのため一神教的な信仰からは遠かったのである。

ところが十九世紀後半、幕藩体制が揺らぎ始めるとともに、各地で新宗教が勃興した。政情不安が人心の混乱に拍車をかけ、「救い」を求める人々が増えたのだ。とりわけ黒住教、天理教、金光教の「幕末三大新宗教」は信者を増やしていった。

こうした動きを受けて、明治新政府は危機感を強めた。民衆の不満が宗教団体に結集すれば、反政府運動となって国家を転覆させかねない。一方で明治新政府は、列強諸国に対峙するために、幕藩体制を脱し、強力な中央集権国家を早急に建設する必要があった。

その柱となったのが、天皇であった。天皇を政治・軍事の統治の頂点としただけでなく、「神」として神道を国教化したのである。これが国家神道という枠組みである。「日本は天照大神《あまてらすおおみかみ》が開いた国で、天皇は現人神《あらひとがみ》である。その子孫が万世一系で治めてきた」――こんな神話の上に国家を築き上げたのである。

ここで問題となったのは、仏教である。当時の日本では仏教が庶民の生活に深く浸透し、神道と習合してもいた。たとえば神社の中にも「神宮寺」と呼ばれる寺があった。これは国家神道を国教化するうえで、いささか都合が悪い。

そこで、仏教弾圧が始まった。明治元（一八六八）年、「神仏分離令」が出された。「今般、諸国大小の神社において神仏混淆《こんこう》の儀は御廃止に相成り候に付、別当社僧の輩《やから》は還俗《げんぞく》の上、神主社人等の称号に相転し、神道を以て勤仕致すへく候」とし、神宮寺の僧侶は還俗を命じられた。明治三年には「大教宣布の詔」を出し、神道に基づく国民教化政策の推進を宣言した。「廃仏毀釈」運動が全国で吹き荒れた。仏像や寺、仏具が破壊されたり焼かれたりするなど、仏教界は大きな打撃を受けた。

明治二十二年に発布された大日本帝国憲法第二十八条は、信教の自由について「安寧秩序ヲ妨ケス及臣民タルノ義務ニ背カサル限ニ於テ」と定めている。つまり、各宗教を天皇の下に位置づけたのだ。

新政府は新宗教も神道の一派と位置づけることで〝公認〟した。黒住教、天理教、金光教のほか、出雲大社教、神道大教、神理教、禊《みそぎ》教、神習教、扶桑教、実行教、御嶽教、神道大成教と神道修成派である。十三派からなるこれらは「教派神道」とされた。新宗教としても、神道の一派であるという位置づけを受け入れて、生き残るしかなかったのである。

日蓮主義の源流・田中智学

そうした中、日蓮主義が台頭する。その源流は、文久元（一八六一）年に江戸に生まれた田中智学に発する。

当時、仏教諸派は幕府の庇護下で国教的地位を享受していた。腐敗と堕落が横行し、宗教団体としての自律性にも欠けていた。そんな状況に不満を抱く日蓮宗の信者たちは、僧侶に頼らず信者たちが中心となって布教活動をおこなう「在家講」を興し、改革に取り組んでゆく。智学の父・多田玄竜は在家講で頭角をあらわした。玄竜はまた、自らは清和源氏の血筋であると認識していた。そして、法華経守護が先祖代々の使命であると考えていた。玄竜のなかでは、法華経守護と尊王愛国とが矛盾なく同居していたのである。

父の影響を受け、智学も十歳で日蓮宗の僧侶への道に入る。維新が実現した頃である。また、廃仏毀釈の嵐が日蓮宗にも襲いかかっていた。社会が目まぐるしく変わる中、智学は宗門の教えに疑問を持ち、還俗して宗門改革活動に従事するようになる。

智学は、日蓮の教義に立ち返り、その教えを忠実かつ純粋に実践すべきであるとの考えにたどり着く。また、仏教が国家に従属するのではなく、日蓮の教義を国家の基本原理にすることが護国の道であると主張するようになった。

明治十七（一八八四）年、智学は「立正安国会」を立ち上げた。立正安国会の創業大綱領には「宗教ヲ以テ経国ノ根本事業トスベシ」と書かれていた。これは、他宗派を激しく批判し、鎌倉幕府に自らの主張を採用させようとした日蓮の政治性への回帰を感じさせる。

見方を変えれば、武家による封建体制の間は地下水脈化していた日蓮の思想が、約六百年の時を経て噴出したとも考えられる。

日蓮は他宗派と激しく対立し、「念仏無間《むげん》・禅天魔・真言亡国・律国賊」などという過激な言葉を残している。幕府によって佐渡に流されるなど弾圧されたが、ひるまずに布教を続け教線を伸ばした。その戦闘的な姿勢は、密《ひそ》かに後世の門徒にも引き継がれていった。

室町時代の日親は、他宗派のみならず日蓮宗各派との争いも厭わなかった。また、室町六代将軍の足利義教に法華信仰と他宗の排斥を訴えた。同時代の伏見宮貞成《さだふさ》親王が「万人恐怖」と記したほどの専制体制を敷いていた義教は、日親の進言を退け、伝道も禁止した。日親がこれを無視して活動したところ、拷問を加えた。焼けた鉄鍋を頭にかぶせたとも言われ、日親は後世、「鍋かぶり日親」と呼ばれた。

こうした積極果敢な日蓮の地下水脈は、前述の「不受不施派」も含めて、中世から近世にかけても弾圧をくぐり抜けてきたのである。

石原莞爾から宮沢賢治まで魅了

ただ、近代の日蓮主義は、日蓮とは大きく異なる点がある。それは、日蓮が鎌倉幕府を批判して弾圧されたのに対し、近代の日蓮主義は国家主義と親和性が高く、むしろ政治・軍事指導者に近い人々に求心力を発揮したことである。

大正時代に入ると立正安国会は「国柱会」と名称を変え、ウイングを広げて行く。芸術文化活動をおこなう「国性文芸会」、政治活動をおこなう「立憲養正会」などの関連団体も設置された。そうした中で、日蓮主義は幅広く知識人に影響を与えるようになる。先に述べたように、北一輝、石原莞爾、井上日召など国家主義に連なる人々を魅了したほか、宮沢賢治、坪内逍遥といった国家主義とは遠い知識人たちも吸い寄せられていった。

また、内村鑑三や矢内原忠雄といったキリスト教系の知識人たちも、日蓮を再評価していることは興味深い。内村は日本の文化・思想を欧米に向けて発信するため、五人の「代表的日本人」を選んで英語で発信したが、この中に日蓮を挙げている。矢内原は「余の尊敬する人物」という小文で、日蓮を取り上げている。

欧米の近代合理主義は、一神教であるキリスト教的価値観と親和性がある。矢内原や内村など、近代合理主義の学問を学んだ当時の日本人にとって、日蓮の教義がもつ一神教的な明晰さが肌に合ったのかもしれない。

石原莞爾の「王道楽土」

だが、昭和初期になると状況が変化する。国家主義者や軍部による国家改造運動が始まると、日蓮主義を掲げる者たちの動きも先鋭化するようになる。

昭和七（一九三二）年二月には血盟団事件が発生する。井上日召の思想に感化された青年たちが「一人一殺」「一殺多生」を唱えて行ったテロである。井上らは自らを「地涌《じゆ》の菩薩」と位置づけていた。また井上はテロを「大慈悲心」、団員の小沼正は「殺人は如来の方便」とみなしていた。

国家改造運動の勢力は、満州にも目を向けた。満州への植民は過剰人口問題の解決策でもあり、仮想敵国のソ連に対する安全保障上の政策という側面もあった。関東軍参謀だった石原莞爾は一気に武力による植民地化を目指した。

石原は「世界最終戦論」など独自の軍事哲学を持っていたが、その神髄には日蓮の思想があるという。

「私は大正八年以来、日蓮聖人の信者である。それは日蓮聖人の国体観が私を心から満足せしめた結果であるが、そのためには日蓮聖人が真に人類の思想信仰を統一すべき霊格者であることが絶対的に必要である」（『戦争史大観』）

石原は日蓮が説いた理想郷を満州に投影し、「王道楽土」の実現に向けて行動を開始する。昭和六年九月十八日、奉天郊外で南満洲鉄道株式会社（満鉄）の線路が爆破された柳条湖事件が発生する。この首謀者は石原であった。関東軍はこれを満州の軍閥、張学良軍によるものとして軍事行動を起こした。時の若槻禮次郎内閣は事変不拡大の方針を示したが、石原らは無視して戦闘を継続し満州を占領した。

翌昭和七年には関東軍の主導で「満州国」が独立、清朝最後の皇帝であった溥儀《ふぎ》を元首に祭り上げた。この新国家は、漢族・満州族・朝鮮族・モンゴル族・日本人の「五族協和」と「王道楽土」を掲げたが、実際は日本の傀儡国家であった。これらは客観的に見れば、天皇の統帥大権を犯した重罪であった。陸軍によるこの満州事変、中国侵略は言わば国家へのテロ、暴力そのものであった。この時点で、もはや政府は陸軍による政府に対する体制破壊テロを追認してしまったともいえる。

国家権力に近づいた教団

田中智学とは別の流れにおいても、日蓮主義は活発になる。明治四十五（一九一二）年、日蓮宗顕本法華宗管長の本多日生《にっしょう》、清水梁山らが日蓮の教えを学ぶ「統一閣」を開設した。

日蓮に関する文献を整理し、解読を勧めるため広く門戸を開き、週一回勉強会を開いた。多くは日蓮宗の宗徒や日蓮宗に興味を持つ者だったが、信徒以外の学生や労働者も参加することができた。前述の井上日召、さらには仏教と社会主義の連関を目指し「新興仏教青年同盟」を立ち上げた妹尾義郎《せのおぎろう》らも学んでいた。

こうした面々も、国家主義の理念とは親和性があった。本多は「自慶会」という組織を結成し、「労働者の思想善導」と称して布教活動を進めた。大正十一年、牧野伸顕宮内大臣に対して、日蓮門下各教団の管長が連名で、日蓮への「大師号」宣下を求める嘆願書を提出した。これが認められ、大正天皇から日蓮に「立正大師」の大師号が宣下された。大正十二年の関東大震災の後には、日蓮宗全門下が「国本会」を結成、顧問に日露戦争の日本海海戦でロシアのバルチック艦隊を壊滅させた東郷平八郎・元連合艦隊司令長官を迎えた。軍人や官吏、学者らを集め、共産主義撲滅を目指した。

ただ、教団のこうした動きに不信感を持つ信者もいた。日蓮が鎌倉幕府の誤りを指摘し、法難を受けながらも強い意志で活動し続けたのに対し、教団の動きは「政府と安易に妥協して、その庇護のもとで発展を目指す堕落僧侶たち」と受け止められたのだ。

教団に激しい不満を持った一人に、江川忠治(桜堂)という青年がいた。のちに「死なう団事件」という騒擾《そうじょう》事件を起こした中心人物である。

「死のう！　死のう！　死のう！」

桜堂は明治三十八（一九〇五）年、東京・蒲田で生まれた。家は江戸時代以来の素封家で、父の七五郎は村会議員を務めており、熱心な日蓮宗信者でもあった。大正十（一九二一）年に東京工科学校の建築科を卒業した桜堂は、東京市電気局に勤務を始める。だが二年足らずで退職し、安定したサラリーマン生活を捨てた。日蓮の教義を学ぶ一方で社会腐敗に怒り、自分が「世直し」に立ち上がらなければならないという思いを深めていった。

昭和二（一九二七）年、桜堂は「日蓮会」を立ち上げる。同会は総裁を釈迦、会長を日蓮とした。既存の宗門の僧侶から間接的に受ける説法を拒否し、日蓮聖人直々の教えを忠実に実践する「日蓮聖人直参」を実行するとした。「日蓮の書いている教義本に忠実に生きなければならない、解釈などは必要ない」というもので、一種の原理主義であった。

さらに日蓮会の青年部として、日蓮会殉教衆青年党が結成された。これがのちに「死なう団」となる。日蓮宗には「不惜身命《ふしゃくしんみょう》」という言葉がある。本来的には、「広宣流布のためには身を惜しまずに、命を懸けて活動する」という意味である。ところが桜堂の下に集った者たちは、それをこんな言葉に解釈したのだ。

「我が祖国の為めに、死なう!!!
我が主義の為めに、死なう!!!
我が宗教の為めに、死なう!!!
我が盟主の為めに、死なう!!!
我が同志の為めに、死なう!!!」

当時は著名人の自殺が相次ぎ、伊豆大島・三原山の火口に飛び込む心中が一種の流行となっていた。そうした世相に「死のう」というメッセージが刺さったのかもしれない。

三島由紀夫事件との酷似

昭和十二(一九三七)年二月十七日正午過ぎ、五人の青年が「死のう! 死のう! 死のう!」と叫びながら切腹しようとした。宮城《きゅうじょう》前と国会議事堂前、外務次官邸と警視庁、内務省……。夜の銀座・歌舞伎座では、女二人が四階の立ち見席から「死のう!」と叫んで大量のビラをまいた。さらに品川駅では電車内で男がこんなビラをまいた。

「檄　死なう！（盟主桜堂草）満天下の青年に告ぐ。人生、朝露の如く、無常は迅速である。同じく仮ばり《ママ》にも、正義の為めに命を捨てろ！」で始まる檄文は「内外を挙げて今日は、実に重大な（中略）非常事《ママ》であると言はれてゐる、否な、真の非常事はこれからだぞ」

　さらに檄文は「白人の魔手」や「赤き狂犬、共産党」「金権政党」の非を鳴らし「迷信邪教、偽宗教を、紛砕《ママ》しろ」などと主張する。そして「満天下の有為なる青年よ、光蔭、流水に似て、生涯は夢の如しだ、徒《いたず》らに明かし暮して、畳の上で無駄に腐るな！　死なう！　死なう！　死なう！」と結んでいた。

　五人は命に別状なく、ほとんどが全治二〜三週間の傷だった。だが、彼らはテロ団体と誤認され、国から徹底的に弾圧されてゆく。翌昭和十三年、盟主の桜堂が三十三歳の若さで病死した後、団員五人が服毒や入水などで「殉死」している。

　私は「死なう団」の取材を昭和四十年代半ばから始めた。きっかけは三島由紀夫事件だった。三島が自衛隊員に「蹶起」を呼びかけた檄文のなかに、こんな一節がある。

「（前略）共に起つて義のために共に死ぬのだ。（中略）生命尊重のみで、魂は死んでもよいのか。生命以上の価値なくして何の軍隊だ。今こそわれわれは生命尊重以上の価値の所在を諸君の目に見せてやる。それは自由でも民主々義でもない。日本だ。われわれの愛する歴史と伝統の国、日本だ。これを骨抜きにしてしまつた憲法に体をぶつけて死ぬ奴はゐないのか。もしゐれば、今からでも共に起ち、共に死なう。(後略)」

私はこの言い回しをどこかで見たことがあると気づき、死なう団事件を思い出したのだ。事件から三十年以上が過ぎていたが、私は生き残った関係者を訪ねて取材を進めた。

「カルト」と片付けてしまえばそれまでだが、死なう団事件には昭和戦前期の虚無感や絶望感、時代閉塞の状況が反映しているように思える。そうした世相が、思想を直接行動につなげる日蓮主義によって具現化したとみることもできる。

石橋湛山にみる日蓮主義の一断面

一方、同じ日蓮宗徒でありながら国家主義とはまったく逆の道を提唱していたのが、石橋湛山《たんざん》である。湛山は明治十七(一八八四)年に日蓮宗の僧侶、杉田湛誓の長男として東京で生まれた。杉田は後に身延山久遠寺八十一世法主となる人物である。湛山誕生後、湛誓は昌福寺の住職となった。

十一歳で僧籍に入った湛山は、山梨県立第一中学校から早稲田大学の哲学科に進み、田中王堂に学んだ。湛山は王堂の墓碑銘に「徹底せる個人主義者自由思想家として最も夙《はや》く最も強く正しき意味に於いて日本主義を高唱し」たと記している。まさに湛山の思想に通じるもので、強い影響を受けたことが窺える。

卒業後は新聞社と兵役を経て、東洋経済新報社に入社。言論人として大正、昭和戦前期のデモクラシーを先導し、植民地拡張に走る帝国主義を批判して「小日本主義」を訴えた。

大正三（一九一四）年、第一次世界大戦が勃発すると、時の大隈重信内閣は日英同盟を口実に参戦し、中国山東省の青島を占領した。さらに中国に対して「対華二十一箇条の要求」を突きつけた。湛山はこうした政府の姿勢を厳しく批判し、二十一箇条要求を「領土侵略主義と軽薄なる挙国一致論の産物」と断じた。

湛山は台湾や朝鮮、満州の放棄も主張した。植民地経営より平和的な貿易こそが国益に繋がるとした湛山の国家思想は、日蓮主義の一断面でもある。国際紛争の解決に必要なのは武力ではなく相互理解であるというリベラルな主張は現代でこそ一般的だが、当時は異端中の異端であった。だが、それが正しかったことは歴史が証明している。

さらに「人が国家を形づくり国民として団結するのは、人類として、個人として、人間として生きるためである。決して国民として生きるためでも何でもない」と、徹底的な個人主義を打ち出しもした。これは天皇を頂点とする全体主義国家の為政者からみれば、まさに「危険思想」だった。

戦後の昭和二十一（一九四六）年、湛山は第一次吉田茂内閣の大蔵大臣に就任した。だが、GHQ（連合国軍最高司令官総司令部）と衝突した。進駐軍の経費は日本側が負担していたが、ゴルフ場建設や娯楽の経費まで含まれていたことから、湛山は日本側の負担を引き下げるべきだと批判した。翌昭和二十二年、GHQの報復的措置として、湛山は公職追放された。

湛山の思想や行動は、ケインズの経済学や田中王堂から大きな影響を受けている。ただ権力に対峙し、おのれの信念をぶつけ、行動する姿勢は、まさしく日蓮主義である。湛山は、日蓮が佐渡で筆を執った『開目抄』に記されている「三大誓願」、すなわち「我日本の柱とならむ、我日本の眼目とならむ、我日本の大船とならむ」を座右の銘としていた。

宗教は、ときに大きく世の中を変える原動力を生み出す。それは正の側面もあれば負の側面もある。社会の閉塞感が昭和初期と酷似する今だからこそ、私たちは当時の状況を深く考察して、国家主義の地下水脈を見つめて行く必要がある。

第4章　テロリストの地下水脈

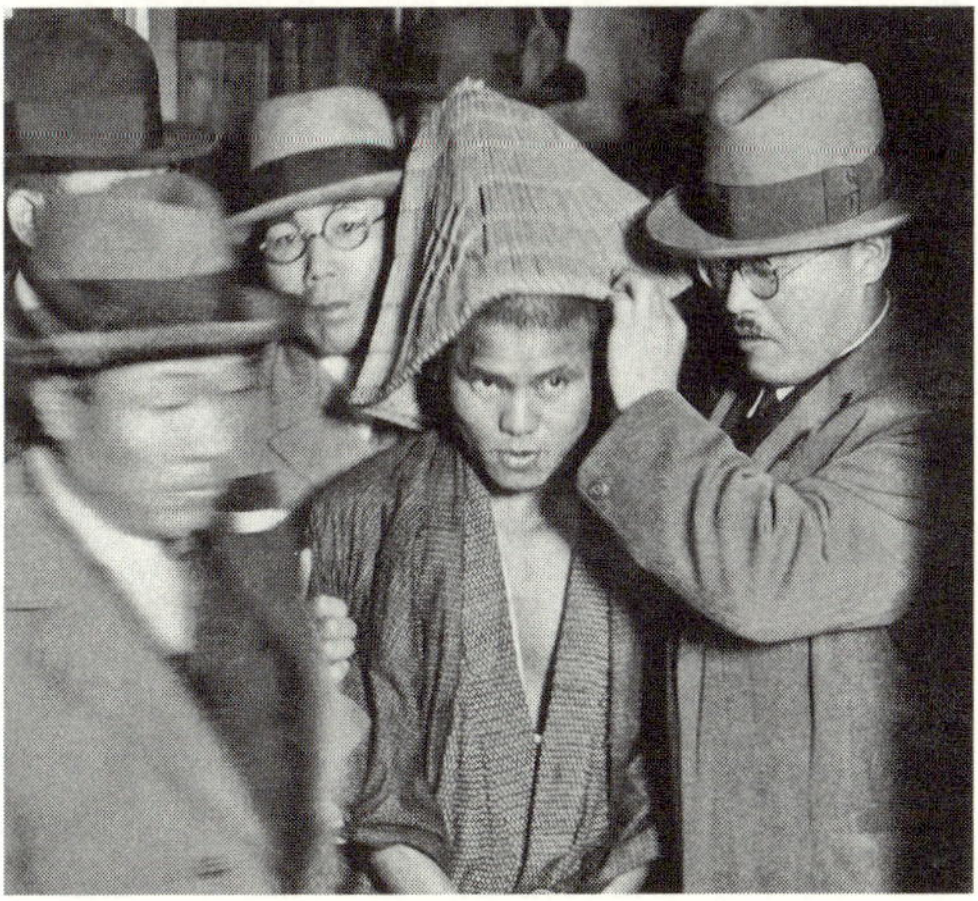

濱口雄幸首相を銃撃して逮捕された佐郷屋留雄

「天誅」という思想

軍部が北一輝らの思想を借りて自己正当化するようになると、今度は思想性の欠如したテロ集団が生まれてきた。テロ集団は国家、軍部におもねる色彩を帯びると同時に、暴力性を強め、陰惨なかたちで日本社会に影響を与えるようになる。

テロの檄文をつぶさに検証していくと、社会に不満をもつ無知な若い世代を、右翼思想を掲げる結社が巧みに操ってきた構図が見えてくる。また、その文言からは、明治維新前後に活発化した「攘夷」の地下水脈が見え隠れすることに気づく。そこで本章では、近代以降の国粋主義者によるテロの系譜と、その底流にあるものを詳しく見てみたい。

時間を遡るが、近代日本におけるテロのはしりとして、安政七（一八六〇）年、徳川幕府の大老、井伊直弼《なおすけ》が暗殺された「桜田門外の変」がある。

井伊は安政五年に大老に就任後、開国に反対していた孝明天皇の勅許が得られないまま、日米修好通商条約の締結に踏み切った。この行為は、天皇絶対主義の下での鎖国の継続をめざす尊王攘夷派の激しい怒りをかった。さらに当時、徳川第十三代将軍家定の後継問題を巡り、水戸藩主徳川斉昭の子である一橋慶喜《よしのぶ》を推す一派と、紀州藩主徳川慶福《よしとみ》（後の徳川家茂《いえもち》）擁立をめざす一派が対立していた。結局、安政五年に慶福が十四代将軍となったのだが、井伊は一橋派の弾圧を進めるとともに、尊王攘夷論者の粛清も進めた。いわゆる「安政の大獄」である。

こうした井伊の動きに反発した水戸藩の脱藩浪士十七人と薩摩藩士一人が、江戸城の桜田門外で彦根藩の行列を襲撃し、井伊を殺害したのだ。暗殺の背景には将軍の後継問題もあったが、井伊の開国路線がより大きな理由であった。

この事件によって幕府の威信は地に落ち、安政の大獄で弾圧された一橋派が盛り返す。その後、暗殺という手段を用いて開国派を排除する動きが攘夷派の中に公然化していく。井伊の命を受けて尊王攘夷派を取り締まった役人などが標的とされた。とりわけ京都を中心に活動していた土佐藩の岡田以蔵をはじめとする尊王攘夷派の志士たちは「天誅《てんちゅう》」と称する暗殺を多数行い、開国派に恐れられた。天誅思想の広がりである。

大久保利通暗殺の斬奸状

維新以降のテロの中で歴史を変えた事件としては、明治十一（一八七八）年の大久保利通暗殺事件がある。麴町区麴町紀尾井町清水谷で、元加賀藩士の島田一郎ら不平士族六人が大久保を斬殺した「紀尾井坂の変」である。

大久保は同じ薩摩出身の西郷隆盛や長州出身の木戸孝允らとともに維新を主導し、二百年以上続いた幕藩体制を終わらせる原動力となった。明治二年の版籍奉還により、大名が治めていた土地と民衆を朝廷に返還させた。その二年後の廃藩置県では、旧大名を東京に移住させ、中央から役人を派遣して各地域を統治させた。こうして近代的な中央集権国家の枠組みが構築されたが、既得権益を奪われた不平士族たちの恨みを大久保は一身に背負うことになる。

大久保暗殺後、島田らは斬奸状《ざんかんじょう》を持って自首したが、そこには大久保の五つの罪とする内容が書かれていた。要約すると以下の通りであるが、ここにも天誅思想が根幹にあることが窺われる。

〈その一、議会を開かず、民権を抑圧し、以て政治を私物化した罪
その二、法令を乱用し、私利私欲を横行させた罪
その三、不急の工事、無用な修飾により、国財を浪費した罪
その四、忠節、憂国の士を排斥し、内乱を醸成した罪

その五、外交を誤り、国威を失墜させた罪〉

岩倉使節団に参加し、明治四年十一月から明治六年九月まで欧米を視察した大久保は、欧米列強の制度に学んだ上で、近代日本をどのように建設するか、三段階に分けてのビジョンを持っていた。大久保の国家ビジョンは伊藤博文や山縣有朋に引き継がれてゆくのだが、斬奸状の中では欧米列強に学ぼうという大久保の姿勢そのものが批判されていることが興味深い。ここにも攘夷の地下水脈の影響が見られる。

排外主義の台頭

明治二十二（一八八九）年には、やはり外交を引き金とするテロが起きた。外務大臣の大隈重信が爆弾で狙われた「大隈遭難事件」である。事件の背景をまず見てみよう。

当時の日本政府は、幕末に結ばれた欧米諸国との不平等条約の改正に力を入れていた。長州出身の井上馨外務卿（のち外務大臣）は、不平等条約で失った関税自主権の回復と領事裁判の撤廃による主権の一部回復をめざした。要点は、①二年以内に外国人の営業活動や居住の自由を認める、②外国人の判事を任用する、③西洋式の近代法を二年以内に制定する、を条件に領事裁判を廃止し、輸入税率を引き上げるというものであった。

井上はこれを実現させるために、日本の近代化を諸外国にアピールしようとした。現在の東京都千代田区内幸町に「鹿鳴館」を建設。政府高官らが世界各国の紳士淑女を招き、西洋風の舞踏会などを開催した。いわゆる「鹿鳴館外交」として知られる。

ところが、急激な欧化政策に対して、排外主義が頭をもたげる。井上が提案した外国人の内地雑居や外国人判事任用には、政府内から激しい反対が巻き起こったのだ。土佐藩出身の谷干城《たにたてき》農商務大臣は改正案に反対して辞職。政府の法律顧問でフランス人のボアソナードも改正案に反対した。また急激な西洋化政策に対する反発は民間側からも激しく、井上は辞職に追い込まれた。

井上の後に外務大臣となった佐賀出身の大隈も、条約改正を進めようとした。税率は井上案と同じで、法権回復については外国人判事の任用を大審院（当時の最上級審の裁判所）に限ることとした。こうして明治二十一年にはメキシコとの間で対等条約締結に成功した。

しかし翌年、イギリスの新聞にこうした条約改正案の内容が報じられると、日本国内で問題になり再び広く反対運動が起こった。そして同年、大隈は福岡藩出身の不平士族、来《く》島恒喜《しまつねき》が投げた爆弾で右足を失う重傷を負ったのである。

来島恒喜はその場で短刀によって自らの喉を刺し、自殺した。来島は国権主義的政治団体「玄洋社」に所属していたが、動機は以下のようなものであった。
「来島の大隈を刺さんとせしもの、一の私怨、私恨あるにあらず、又私人来島恒喜が私人大隈重信を殺傷せんとしたるに非らず、来島は自ら図りて遂に策の之に出ずるにあらずんば到底大隈の反省を促し能わざるを思い、以て輿論は大隈の条約改正案に反対なるを示さんが為に之を敢行したるなり、その主とする処は大隈の条約改正案を阻止するにありたるなりき、その要とする処は国威の失墜を未然に防止せんとするにありたりき、来島の見る処はただに大隈のみにあらずして其の何人たるを問わず、国家を誤るものを正さんと欲するに在り（後略）」（『玄洋社社史』。荒原朴水著『増補　大右翼史』に掲載）
つまり来島は個人的な怨恨ではなく、「国の威信」を守るために大隈を襲ったという。その論理は大久保暗殺事件の「斬奸状」と共通するものがある。「国威」の失墜を未然に防ごうという発想は、幕末に猛威を振るった攘夷に連なる考え方と重なり合う。この発想を行動に移すときに、「天誅」という語がそのバネになっていると言っていいだろう。
攘夷は、近代日本におけるナショナリズムの底流をなしている。かつて司馬遼太郎は「近代日本は、攘夷の思想を未消化、未分化のまま残してきた。地下水脈にはずっと攘夷の思想が残っている」と私に指摘したことがある。長い鎖国時代に培われた攘夷の思想は、欧米化が急激に進められた維新後も容易には無くならず、日本人の中に脈々と流れ続けた。そして、ときおり社会の表層に噴出してくる。それは現代社会でも変わらない。在日外国人排斥を掲げる人物が二〇二〇年の東京都知事選に出馬して約十八万票を集めた現象なども、その一例である。

またも「天誅」が登場

大正時代に入ると、政治家や財界人を狙ったテロが続発した。大正十（一九二一）年九月二十八日、安田財閥の総帥である安田善次郎が暗殺されている。

犯人の朝日平吾は安田を刺殺し、本人もその場で自殺した。朝日は佐賀県出身で、第一次世界大戦では陸軍の衛生兵として従軍した。除隊後は家業の手伝いなどをしたが、うまくいかなかった。その後、国粋主義団体「神州義団」などを名乗り、財閥関係者から寄付金を集めて糊口をしのいでいたようだ。

安田暗殺時の「斬奸状」には、こう書かれている。

「奸富安田善次郎巨富ヲ作《な》スト雖《いえど》モ富豪ノ責任ヲ果サズ。国家社会ヲ無視シ、貪欲卑吝《ひりん》ニシテ民衆ノ怨府タルヤ久シ、予其ノ頑迷ヲ愍《あわれ》ミ仏心慈言ヲ以テ訓《おし》フルト雖モ改悟セズ。由テ天誅ヲ加ヘ世ノ警《いまし》メト為ス」

まず目を惹くのは「天誅」の言葉である。朝日は、安田が莫大な富を民衆に還元しないことに憤りを募らせたとしている。また、朝日は北一輝の「国家改造案原理大綱」の影響を受けており、犯行前には北に遺書を送っていた。しかし、朝日の斬奸状からは思想的なものは読み取れない。

原敬暗殺事件の謎と闇

安田善次郎暗殺の約一カ月後、現役総理大臣の原敬が暗殺された。

原は南部藩出身の非藩閥政治家で、衆議院の第一党である立憲政友会の総裁だった。寺内正毅内閣が米騒動の混乱で退陣した後、原は大正七（一九一八）年、総理に就任。すると原は、藩閥政治に終止符を打つことと、議会政治による国家運営をめざして改革を進めて行く。

当時、選挙権は直接国税を十円以上納めた二十五歳以上の男性のみにあり、有権者は九十八万人。全人口の二・二％でしかなかった。限定的とはいえ、原内閣は選挙による民意を反映した政権でもあった。

物価の安定を実現した原内閣は国民の人気が高く、第一次世界大戦に伴う戦時好景気も追い風となった。教育改革を進めて私立大学の設置を認め、多くの学生に教育の機会を与えた。鉄道や道路網の整備も進んだ。政友会の党勢は拡大し、原内閣は陸海軍大臣、外務大臣を除く全ての閣僚を政友会から選出した。次第に貴族院（皇族や華族、勅任議員からなる。有権者が選ぶことは不可能）にまで政友会の影響力が及ぶようになった。

さらに原は、軍部を政治の支配下に置くことを考え、文民統制（シビリアン・コントロール）の実現に尽力した。台湾総督を軍人から文民に変更。ワシントン海軍軍縮会議に参加する加藤友三郎海軍大臣の代理として海軍大臣を自ら代行した。これは戦前の日本において文民統制が実現した唯一の瞬間とも言える。

しかし、大戦終結後の大正九年には一転して戦後恐慌となり、原内閣の政策は行き詰まる。政党の力が伸びるにつれ、政党間の争いは激しくなり、利益誘導型政治や「党利党略」の弊害が目立つ事態になる。

また、当時は納税資格を撤廃した「普通選挙」を求める運動が広まっていた。のちに首相となる犬養毅や、「憲政の神様」と称された尾崎行雄らが議会で普通選挙の実現を政府に迫っていた。原は直接国税の条件を三円以上と大幅に引き下げたものの、資格要件を撤廃した普通選挙は時期尚早としてしりぞけた。

そうした中、大正十年十一月四日、鉄道職員であった中岡艮一《こんいち》が東京駅で原を短刀で襲撃し、原はほぼ即死した。

原暗殺事件は、いまだに謎が多い。犯人の中岡は当時十八歳で、大塚駅の転轍手《てんてつしゅ》（線路のポイント切り替え担当者）だった。中岡は、原が普通選挙を見送ったことや財閥中心の政治をしていることに反感を抱いたと供述した。また、シベリアの日本人居留地ニコラエフスク（尼港）でロシアの赤軍パルチザンが日本人居住者を含む六千人以上を虐殺した「尼港事件」で義憤に駆られたといった供述もしたというが、原に怨恨を抱く理由は見当たらない。しいて言えば、大塚駅に橋本栄五郎という国家主義的な考えを持つ助役がいた。橋本が原の批判を頻繁に口にしていたことから、橋本の教唆が疑われた。のちに橋本も逮捕されたが、裁判は真相が明かされないまま終了し、橋本も無罪となった。

この裁判は、現役首相が暗殺された重大事案であるにもかかわらず、すべての疑問点が徹底的に洗い出されて検証された印象がない。司法界を含めて不透明な動きがあったとも指摘されているが、最終的には「一少年の思い込みによる犯罪」という構図で処理されてしまった。

しかしながら、その後の展開をみると、「一少年の思い込みによる犯罪」という見方に疑義が生じてくる。

裁判の結果、中岡は死刑ではなく無期懲役となった。そして昭和初期までに恩赦を三回受けて次々に刑が軽減され、十三年後の昭和九（一九三四）年に釈放された。その後、中岡は満州に渡り、陸軍に勤務した。「満洲日日新聞」という現地紙を調べると、昭和十六年に「中岡艮一君結婚」と書いた小さな記事が出ており、中国人女性と結婚したと報じている。戦後は帰国し、長く生きて天寿を全うした模様だ。

こうした経緯をみると、原は国家的な枠組みのなかで暗殺されたのではないかとの仮説が浮上する。中岡は誰かの教唆を受けて原を暗殺し、釈放後もその助けを借りて満州へ行ったのではないか——。関東軍の特務工作を担っていた甘粕正彦（満洲映画協会理事長）や玄洋社の総帥、頭山満ら右翼勢力の影響を示唆する説もあるが、謎のままである。

昭和初期の異様な時代

テロとは政治的な目的をもつ暴力、あるいは脅しであり、その多くは公の場で行われる。暴力をあえて大衆に見せつけることによって恐怖心を植えつけ、大衆心理をコントロールするのが目的だからである。

年表で振り返ると、昭和五（一九三〇）年から昭和十一年にかけての日本社会が、いかに異様な時代だったのかが見えてくる。時系列で列挙してみると、以下の通りである。

昭和五年十一月：濱口雄幸首相狙撃事件（この時の傷がもとで濱口は翌年に死亡）。
昭和六年三月：国家主義グループ「桜会」を中心としたクーデター未遂事件「三月事件」。
　同年十月：「十月事件」が発生。
昭和七年二月〜三月：「血盟団事件」。前蔵相の井上準之助、三井合名理事長團琢磨が「一人一殺」を掲げる血盟団員に暗殺される。
　同年五月：「五・一五事件」で、犬養毅首相が殺害される。
昭和八年七月：右翼によるクーデター未遂事件（いわゆる神兵隊事件）。
昭和九年三月：時事新報社社長・武藤山治が狙撃され死亡。
同年十一月：陸軍士官学校を舞台にクーデター未遂事件（いわゆる十一月事件）。
昭和十年八月：陸軍の軍務局長永田鉄山斬殺事件。
昭和十一年二月二十一日：天皇機関説を唱えた美濃部達吉が右翼に襲撃され重傷を負う。

同年二月二十六日：「二・二六事件」。

なぜ短期間にこれほどテロが相次いだのか？　それを考える糸口として、昭和初期のテロには以下の三つの特徴があることに着目したい。

①テロが次のテロを誘発し、連続して起きる。

②国民がテロを「義挙」として称揚する。

③政治家が暴力に脅え、何も言えなくなる。

この三点を念頭に置きながら、当時を振り返ってみたい。

暴力による国家改造の動きの背景にあったのは、既存の権力である政党や財閥などへの不満である。主要政党である政友会は三井財閥と、民政党は三菱財閥と密接で、選挙の度に巨額の支援を受けていた。議員たちは事実上、富裕層の利益代弁者でしかなかった。加えて議員の汚職が横行していた。また民政党政権の金輸出解禁、政友会政権の再禁止という迷走の中で財閥はドル買いなどで大儲けをしたのに対し、庶民はインフレによる物価高にあえいでいた。失業者があふれて路頭に迷い、労働争議が頻発した。とりわけ現金収入の少ない農村は、不況の直撃を受けた。わけても東北地方は深刻で、子どもたちは栄養失調で倒れ、娘たちは遊郭に売り飛ばされた。
こうした現状への不満は、暴力による「革新」、つまりテロを容認する風潮へと転化しやすい。

濱口雄幸狙撃事件

昭和五（一九三〇）年十一月十四日、濱口雄幸首相が東京駅で狙撃された。事件の詳細に入る前に、当時の社会背景を見てみよう。

第一次世界大戦後の不況に対し、政府はインフレ政策により経済破綻を防いでいたが、企業の合理化が進まず、国際競争力は弱まっていた。さらに大戦中の大正六（一九一七）年に金輸出を禁止した影響もあって、国際収支は悪化していた。

欧米列強は戦時中に金輸出を禁止したが、戦後はアメリカ、イギリス、フランス、そして敗戦国のドイツも日本に先んじて解禁していた。財界からは日本の金解禁を求める声が高まった。諸外国と同じテーブルにつくことで、為替相場を安定させ、輸出を促進する狙いであった。濱口は昭和五年一月、満を持して金解禁を断行したが、その三カ月前、アメリカで大恐慌が始まっていた。日本にとって最大の輸出市場であったアメリカの危機は、日本を直撃した。輸出が激減し、輸入超過が続いた。当然、金の流出も増える。日本経済は破綻の危機に陥った。

とくに深刻だったのは農村である。昭和六年は冷害が東北地方を襲い、記録的な凶作となった。「欠食児童」や、若い女性の「身売り」が深刻化した。不況は社会を不安定にし、民衆の怒りは為政者たちに向かった。右翼や農本主義者、国家主義者、陸海軍の青年将校らの間に国家改造、つまり政党政治の打破や特権階級の排除などをめざす動きが拡大していった。こうした流れが、昭和十一年の二・二六事件につながっていく。

濱口内閣は、もう一つ重要な問題を抱えていた。「統帥権干犯」問題だ。昭和五年のロンドン海軍軍縮会議で、アメリカ、イギリス、フランス、イタリア、日本という五大国の海軍力の上限が定められた。大正十一年のワシントン海軍軍縮会議で決まった主力艦の建造禁止を五年延長することや、補助艦の保有比率を米英がそれぞれ十、日本は七弱とすることなどが盛り込まれた。

濱口内閣はこの比率を受け入れるつもりだった。しかし海軍の加藤寛治軍令部長ら「艦隊派」一派はこれに激しく反対した。内閣が軍縮条約に調印すると、彼らは「統帥権を犯した」と批判した。

艦隊派の論理はこうだ。大日本帝国憲法下にあっては、軍隊を指揮監督する最高指揮権、すなわち統帥権は、天皇に属している。そのため、軍令部の承認なしに政府が兵力量を決めるのは、統帥権を犯すものである、との主張である。艦隊派のみならず、野党だった立憲政友会の強硬派や右派からも、激しい批判が続いた。

統帥権干犯の意味さえ知らなかった暗殺実行犯

こうした中で、濱口は狙撃された。その場では一命を取り留めたものの、その傷が引き金となって、濱口は翌昭和六（一九三一）年八月に死去した。

犯人は右翼団体「愛国社」社員の佐郷屋留雄《さごうやとめお》であった。取り調べに対して佐郷屋は「統帥権干犯をした濱口は許せない」との趣旨の供述をしている。しかし、供述調書を読む限り、佐郷屋は統帥権干犯という言葉の意味をほとんど理解していなかった。また、佐郷屋は右翼団体に所属し、傷害事件を起こして逮捕されたことはあるものの、天誅や攘夷といった思想性にもとづいた行動ではなかった。

そうした点を考えると、佐郷屋は社会に対する漠然とした鬱屈を抱えた青年で、暴力的な性向があったところ、濱口と対立する軍部関係者らと知り合い、その鬱屈と粗暴さを利用されたとみるのが自然である。「濱口を暗殺しろ。後の面倒は必ずみる」と教唆された可能性も指摘されている。

佐郷屋は死刑判決を受けたが、原敬を暗殺した中岡艮一と同じように恩赦で減刑され、十年後の昭和十五年には仮出所した。戦後、護国団という右翼団体を組織し、さまざまな事件に暗躍したとされる。護国団を佐郷屋とともに組織していたのは「血盟団事件」を起こした井上日召だった。一時期は右翼の巨頭・児玉誉士夫《よしお》と行動をともにしていた。

その頃、軍部では陸軍の佐官クラスによる国家改造計画が進んでいた。先に述べたように、橋本欣五郎中佐らが中心となった秘密結社「桜会」は昭和六年に「三月事件」、「十月事件」というクーデターを企んだが、未遂に終わった。とくに三月事件では、陸軍の上層部や無産政党の一部も加わり、クーデターによって軍部政権を樹立し、国家改造を行うことをめざしていた。

桜会は、右翼と軍人の結節点となった。軍人が陰に陽に関わることで、複数の要人暗殺が企図される。そのための〝思想〟は、会合での「にわか勉強」で付与された節もある。

そして、あたかもテロが皇国史観の模範であるかのような気分が公然化していく。とはいえ、テロの実行犯は軍人ではなく、彼らに使嗾された鉄砲玉のテロリストであった。

先陣を競うテロリスト

ところが次第に軍人そのものがテロリストになる組織的テロに変わっていく。

昭和六（一九三一）年の「三月事件」は、陸軍中佐の橋本欣五郎ら中堅将校が結成した秘密結社「桜会」が、クーデターにより政党内閣を打倒して軍部政権を樹立しようとした計画であった。軍人がテロの主体となったターニングポイントである。

同年八月二十六日、東京・青山の日本青年館で「郷詩会」という会合が開催された。ここには国家改造のために身を挺する若手、中堅の軍人や民間右翼が大同団結し、陸軍の青年将校、海軍の革新派士官、北一輝や井上日召に連なる活動家、農本主義者の橘孝三郎らが大集合した。結果的には、のちの血盟団事件、五・一五事件、二・二六事件に連座する者の顔見せともいうべき集まりとなった。彼らは互いに刺激しあい、テロの気運が盛り上がって行くことになる。

当時の国家改造運動の若者たちの間には「我こそが先陣を切って決行する」という焦燥感があった。また、「自分なら、もっと上手にやったのに」といった功名心もあった。それが、テロがテロを呼ぶ背景となってゆく。

この会合では、十月事件の計画も練られた。橋本欣五郎は、いま自分たちが計画しているクーデター（十月事件）では政党内閣の要人らを殺害する過激な内容を含んでいるため同志の協力者が必要だと言い、座長格の西田税を動かして、十月事件を支援するための行動を決めている。その協力の中身として、陸軍の戸山学校、砲工学校の青年将校、学生たちで抜刀隊を組織し、要所を押さえるといった計画についても橋本らは打ち合わせをした。

しかし結局、この計画も失敗している。

「桜会」が主導した二つの事件が未遂に終わったことで、青年将校グループは、中堅将校らを「ダラカン」（堕落した幹部）として見限り、自分たちが直接行動によって国家改造運動を進めることを企図しはじめる。

五・一五事件の檄文

昭和七（一九三二）年五月の「五・一五事件」では、いよいよ軍人がテロに手を染めることになった。三上卓ら海軍青年将校が首謀者となり、首相官邸で犬養毅首相を撃ち殺したのである。別の一行は牧野伸顕内大臣邸と政友会本部を襲撃した。

さらには橘孝三郎の愛郷塾も呼応し、変電所襲撃による帝都暗黒化を狙った大規模な計画となり、最終目標は政党政治の打破、天皇親政による「昭和維新」であった。

三上が仲間と作成した「檄文」は以下の通りである。

〈日本国民よ！

刻下の祖国日本を直視せよ

政治、外交、経済、教育、思想、軍事、何処《いずこ》に皇国日本の姿ありや

（中略）革新の時機！　今にして立たずんば日本は滅亡せんのみ

国民よ！

武器を執つて立て　今や邦家救済の道は唯一つ「直接行動」以外に何物もない

国民諸君よ！　天皇の御名に於て君側《くんそく》の奸を屠《ほふ》れ！

国民の敵たる既成政党と財閥を殺せ！

横暴極まる官憲を膺懲《ようちよう》せよ！

奸賊、特権階級を抹殺せよ！

農民よ、労働者よ、全国民よ　祖国日本を守れ！

而して陛下聖明の下、建国の精神に帰り、国民自治の大精神に徹して人材を登用し、朗

らかな維新日本を建設せよ
民衆よ！
この建設を念願しつゝ先づ破壊だ！　凡ての現存する醜悪なる制度をぶち壊せ！
（中略）起て！　起つて真の日本を建設せよ！〉

この檄文を読むと、正義は自分たちにあるとし、自己に陶酔しているかのようだ。しかし実際は、無抵抗の老首相を殺害した犯罪行為にほかならない。五・一五事件は明らかにテロであり、クーデターであることに疑いをはさむ余地はない。

「動機が正しければ許される」のか？

ところが、五・一五事件は次第に「義挙」として受け止められるようになる。
まず事件直後、陸海軍の内部に同情的な声が上がり、陸軍大臣の荒木貞夫や海軍大臣の大角岑生《みねお》らが「若い連中の気持ちはよくわかる」と発言した。テロを容認する空気が生まれたのである。そして陸軍士官学校生の軍法会議が始まると、被告たちは涙ながらにこんな陳述を始めた。

「自分たちは信念に従い行動したのだから死はすでに覚悟の上、いまさら弁護の力を借りて生きながらえるつもりはない」

「支配階級は一君万民の大義に背き、農村の疲弊を放置し、国民精神を退廃せしめてついには皇国の精神を危うくする」

陸軍士官候補生の一人は優秀で、二カ月後の卒業時には恩賜の時計組となるはずだったが、西郷隆盛の遺訓「命もいらず名もいらず官位も金もいらぬ人間ほど始末に困るものはない」に感銘を受けて参加したと言い、「非常時の日本にはこういう始末に困る人間が必要」だと叫んだ。

法廷内は異様な雰囲気に支配された。裁判官も検事も泣き、傍聴席にもすすり泣きの声が漏れた。新聞は「こんな感激にみちた公判はない」と絶賛し、減刑嘆願運動が全国に広がった。軍法会議にもかかわらず、公判は一般にも公開され、回を重ねるごとに傍聴者は増えた。

判決の日、法廷には三十五万七千通の減刑嘆願書と、被告の人数と同じ十一本のホルマリン漬けの指が運び込まれた。そして判決は、殺人テロであるにもかかわらず、一律禁錮四年という軽い刑が下された。海軍の軍法会議でも同様の光景が繰り広げられ、両者を合わせて減刑嘆願書は百万通を超えたという。

国民からの減刑嘆願が殺到した背景には、農村の困窮や、特権階級だけが富を独占しているという民衆の不満があった。テロの決行者、同調者が社会的に英雄視され、暴力礼賛の風潮が広まった。テロが国家改造のエネルギーになってしまったのだ。

五・一五事件の被告への減刑嘆願運動から浮かび上がるのは、日本人が「動機至純主義」に靡《なび》きやすいという一点である。「行為は悪いが、動機の正しさは評価されるべきだ」という、情に流された甘い考えである。これは「動機さえ正しければ、何をやっても許される」という短絡的な考えに直結する。

ここで思い起こされるのは、中国の「文化大革命」である。中国共産党内の権力闘争から始まったこの運動は、毛沢東思想の貫徹を叫ぶ紅衛兵たちが学校や職場、家庭などあらゆる場所で示威行動を繰り広げた。彼らが掲げたスローガン「造反有理、革命無罪」は、動機至純主義の典型である。紅衛兵らは理性的な判断を喪失し、高揚した感情に突き動かされた。それと同じことが、当時の日本社会で起きていたのだ。

逆転した「正義」と「不正義」

五・一五事件後、日本の言論は窒息状態に陥り、政治が徐々に機能を喪失してゆく。この過程は、三段跳び、つまりホップ・ステップ・ジャンプの順序で進んだ。

ホップはテロの決行である。

ステップは、テロを政治的に利用しようとする動きである。犬養毅首相の後任選定で、それが顕在化する。当時、衆議院で多数を占める政党の党首が首相となるのが常道だった。これが議会制民主主義における「憲政の常道」である。犬養は政友会総裁であったため、この流れで言えば、犬養亡き後は政友会の新総裁となった鈴木喜三郎が首相に推されるべきだった。ところがそれは実現せず、天皇側近で海軍出身の斎藤実が首相となり、戦前の政党政治は終わる。

そしてジャンプが、国民感情の変化である。本来ならテロリストは最大悪のはずなのに、コロッと正義に転換してしまったのだ。私は犬養家の遺族に何度か会ったことがあるが、「ひどい時代でした。被害者の私たちがどれほど冷たい目で見られたことか」と嘆いていたのが印象に残っている。かくも大衆感情は政治テロで一瞬にして変わりやすく、ひとたび社会がバランスを崩すと、じつに呆気《あっけ》なく正義と不正義は逆転してしまうのである。

二・二六事件の蹶起趣意書

その後もテロは未遂を含めて頻発した。

昭和八（一九三三）年には、「神兵隊事件」が起きた。五・一五事件に触発された民間右翼勢力や現役、予備役の軍人らが企て、閣僚や政党本部、警視庁などを襲撃して時の斎藤実内閣を倒すことを目指し、戒厳令下で皇族内閣の樹立を最終目標とする計画だった。ただ、首謀者らが事前に逮捕されて未遂に終わっている。

驚くのは、その後の司法の対応である。首謀者らは刑法の内乱罪によって訴追されたのだが、全被告が無罪となった。日本社会はここまでテロに甘くなっていたのである。

そうして蓄積されたテロのエネルギーが爆発したのが、昭和十一年の二・二六事件である。陸軍の青年将校らが千五百人近い兵士を率いて、岡田啓介首相ら政府要人を襲撃した、近代日本最大のクーデター未遂事件だ。

多数の軍人が蜂起したのは、明治十一（一八七八）年の竹橋事件以来、およそ六十年ぶりだ。竹橋事件は西南戦争で活躍した兵士らが待遇改善を求めた武装蜂起であり、いわば形而下の事件であった。これに対し、二・二六事件は国家改造思想に感化された青年将校たちによる形而上的な事件であった。

蹶起趣意書は、以下の一文から始まる。

「謹んで惟《おもんみ》るに我が神洲たる所以《ゆえん》は万世一系たる　天皇陛下御統帥の下に挙国一体生成化育を遂げ終《つい》に八紘一宇を完《まっと》うするの国体に存す」

さらに「元老、重臣、軍閥、財閥、官僚、政党」などを「国体破壊の元兇なり」と糾弾。「軍閥」とは、青年将校らが属していた「皇道派」と対立した「統制派」を指す。

興味深いのは次の一節である。原敬首相を暗殺した中岡艮一、濱口雄幸首相を暗殺した佐郷屋留雄、血盟団事件のテロリスト、永田鉄山を斬殺した相沢三郎中佐をこのように称揚しているのである。

「中岡、佐郷屋、血盟団の先駆捨身、五・一五事件の憤騰、相沢中佐の閃発となる寔《まこと》に故なきに非ず、而も幾度か頸血を濺《そそ》ぎ来つて今尚些かも懺悔反省なく然も依然として私権自慾に居《お》つて苟且偸安《こうしょとうあん》を事とせり」

趣意書はさらにこう訴える。

「国体破壊の不義不臣を誅戮《ちゅうりく》し稜威《みいつ》を遮り御維新を阻止し来れる奸賊を芟除《さんじょ》するに非ずして宏謨《こうぼ》を一空せん。（中略）茲《ここ》に同憂同志機を一にして蹶起し奸賊を誅滅《ちゅうめつ》して大義を正し国体の擁護開顕に肝脳を竭《つく》し以て神洲赤子の微衷を献ぜんとす」

天皇の威光を妨げる悪人たちを取り除かなければ、国家の大計が無になってしまう。だから悪人どもを成敗する。それによって神州日本の国民としての真心を天皇陛下に献《ささ》げたい、という内容である。

こうした主張は、攘夷の発想と軌を一にする。さらに、天誅思想が青年将校の天皇への絶対的帰依に行きついたとも言えた。幕末から七十年経つとはいえ、近代日本は攘夷の思想を十分に清算していなかった。地下水脈として眠っていた攘夷が、再び天誅思想と結びつき、国家的スローガンとなったのである。

蹶起趣意書は以下の一文で結ばれている。

「皇祖皇宗の神霊、冀《ねがわ》くば照覧冥助を垂れ給はんことを」

ところが、青年将校らが忠誠を誓っていた昭和天皇自身がこの反乱を直ちに討伐するように命じ、クーデターは失敗した。

青年将校らが望んでいたのは、「天皇親政」だった。しかし天皇が国政のすべてを司ることなど、巨大化した近代国家では現実には不可能である。軍部は維新以降、天皇との一体化をめざすとの虚構を作り上げてきたが、それは実現不可能な幻だったのである。

政治が暴力に組み伏せられる

テロは連鎖するとともに、殺害方法も残虐さを増してゆく。それまでのテロは、拳銃（犬養毅および濱口雄幸の暗殺）か、短刀（原敬暗殺）が用いられていた。だが二・二六事件では、渡辺錠太郎陸軍教育総監は機関銃で蜂の巣にされた。それに加えて青年将校らは渡辺を銃剣で切りつけ、とどめを刺している。渡辺の次女の和子（当時九歳）の眼前での凶行だった。高橋是清は銃撃された後、遺体を日本刀で切り刻まれた。

そこまで残虐さを見せつけられると、政治家たちも萎縮してしまう。そのため陸軍は、取り返しのつかない失態をしでかしたにもかかわらず、二・二六事件後、かえって政治的な発言権は増すという逆説的な結果をもたらした。テロを悪用したのである。軍部の意向に沿わない内閣には陸軍大臣を出さない、あるいは大臣を引き揚げて倒閣を仕組むということを平気でおこなうようになった。

なかには軍部を厳しく批判する議員もいた。たとえば民政党の斎藤隆夫は二・二六事件直後の昭和十一（一九三六）年五月七日、衆議院で寺内寿一《ひさいち》陸相への質問演説をした。五・一五事件や二・二六事件を取り上げるなどし、軍人の政治介入、議会軽視を厳しく批判した。これは「粛軍演説」として知られる。

昭和十五年二月二日、斎藤は衆院本会議で再び軍部を厳しく責めた。当時、日中戦争は三年に及んでいたが、停戦の見込みはなく、国民生活は疲弊していた。斎藤は「唯徒《ただいたずら》に聖戦の美名に隠れ国民的犠牲を閑却し」ていると断じた。こちらは「反軍演説」として知られる。

激怒した陸軍は、陰湿な反撃に出る。小山松寿《しょうじゅ》衆議院議長は職権により、議事速記録から斎藤演説の後半部分を削除してしまう。さらに斎藤は懲罰委員会に付された。そこで斎藤は議員辞職勧告までされたが、拒否。すると三月七日の本会議で除名処分が議決されてしまった。政治家と政党は、自ら軍国主義に屈し、自分たちの首を絞めたと言える。

昭和十五年、第二次近衛文麿内閣下で官製組織「大政翼賛会」が発足する際には、各党が雪崩《なだれ》を打って解党し同会に参加、政治は総力戦体制に完全に従属することになった。

こうした暴力主義や軍国主義への反省が、戦後日本の出発点になったはずだ。過ちを繰り返さないためにも、私たちはあらゆるテロを許してはならない。

令和日本の「動機至純主義」

私が懸念するのは、日本社会の地下水脈には、今も「動機至純主義」が流れているのではないかということである。普段はそれが意識されることはない。だが、何かの拍子に社会の表面に立ち現れるのである。

たとえば、二〇二二年二月に始まったロシアのウクライナ侵攻において、先に戦争を仕掛けたロシアに責任があるのは論を俟《ま》たない。ただ、ウクライナが完全な正義、ロシアが完全な悪という善悪二元論に立つと、日本を含む西側は何をやっても許されるという動機至純主義に転化しかねない。「正義の暴力は許される」という考え方はいかようにも悪用できてしまうことを、私たちは認識しなければならない。

もうひとつ私が懸念するのは、経済格差が拡大する中で、社会的に疎外された者たちの孤立感と将来への絶望感が深まっている現実である。先にも触れたように、昭和初期のテロの時代、長引く不況やインフレで庶民の生活は圧迫され、財閥や政党に対する不満が募っていた。それと酷似する状況が、いま目の前に広がっているようにも映る。

近年、何の面識もない人たちを無差別に殺傷する事件が相次いでいる。二〇〇八年には、東京・秋葉原で七人が死亡、十人が重軽傷を負う事件が起きた。二〇一九年に京都市の「京都アニメーション」が放火され、社員三十六人が死亡し、三十二人が重軽傷を負った。さらに二〇二一年十二月、大阪・北新地のビルにある精神科クリニックで男が放火し、二十七人が死亡（被疑者含む）する大惨事となった。

こうした無差別殺人事件の背景には、進学や就職がうまくいかないといった個人的な怨恨があった。孤立した人はそうした怒りを発散できず、内側に抱え込んでしまう。抱え込んだ怒りを持て余している者にとって、動機至純主義はきわめて都合のいい理屈になる。「自分が苦しい思いをしているのは、社会が悪いからだ」→「この腐った社会を潰すのは正義である」→「正義の暴力は許される」――ならば、自分がテロを起こすのは正しいという答えが得られるからである。

そうした傾向に拍車をかけたのが、二〇二〇年に始まった新型コロナウイルスのパンデミックであった。経済と雇用が不安定化し、階層分断が進む中、社会的に取り残された者たちの孤立感と将来への絶望感が一層悪化してしまった。

そして、首相経験者が暗殺されるというテロが発生した。

安倍晋三元首相暗殺事件

二〇二二年七月八日、安倍晋三元首相が奈良県で遊説中に銃撃され、そして死去した。

私自身は安倍元首相の政治姿勢や歴史観を、どちらかというと批判的な目線で見てきた。

しかし、このようなかたちで安倍元首相の命が失われたことは、日本社会のみならず世界にとっても大きなマイナスであり、心より哀悼の意を捧げたい。

私は事件を知った時、瞬間的に二つの犯人像を考えた。一つは安倍元首相の憲法改正への執心や安全保障政策などを全否定する極左勢力。もう一つは、そうした安倍元首相の政策と政治手法をむしろ「手ぬるい」とみる極右勢力である。

だが、報道を見る限り、容疑者の動機はどちらでもない。容疑者の母親が統一教会にのめり込んで莫大な財産を献金し、家庭が崩壊したことで、統一教会と関係のあった安倍元首相への恨みを募らせたという。つまり「私怨」が動機で、政治的な意図はなかったという分析がメディアでなされている。

しかし、政治指導者に対するテロには、それがどのような理由であるにせよ、政治的な意味が内在する。今回も、統一教会（勝共連合）という極めて政治色の強い宗教団体への安倍元首相の関与が引き金になっており、政治的意味はないという指摘は当たらない。その点をまずは押さえておくべきである。

それと同時に私たちが直視しなければならないのは、歴史的教訓である。

これまで見てきたように、日本には政治家へのテロによって国家の運命が大きく変わってしまった歴史がある。とりわけ昭和初期に連続した軍部主導のテロの結果、政治家たちは暴力に脅えて発言を控えるようになった。その延長線上に軍部による政治支配という道が敷かれたのである。

戦後長らく、政治テロは鳴りを潜めていた。だが、日本社会の底流には、政治テロに影響されやすい思想的傾向が地下水脈として流れていると見てとれる。不幸な歴史を繰り返さないためにも、私たちは近現代史を勉強しなければならない。

安倍元首相暗殺が、コロナ禍とウクライナ侵攻のさなかに起きたことは、単なる偶然ではないと私は考えている。社会から孤立し、将来への絶望感をもつ者たちによる大量殺人・要人殺害といった新しいテロが誕生しつつあることを私たちは認識すべきである。こうしたテロを昭和初期のように連鎖させてはならない。

ポピュリズムの時代の宰相

さて、最後に安倍晋三元首相について触れておきたい。繰り返すが、政治家に対するテロはけっして許されるものではなく、このようなかたちで安倍元首相が命を奪われてしまったことを、私は心から残念に思っている。

ただ、安倍元首相が政治家として手掛けてきたことについての評価は、まったく別の物差しでなされるべきだとも考えている。

ひとことで言うならば、安倍元首相はポピュリズムの時代が求めた理想的な宰相であった。話し方がうまく、ユーモアとセンスのある物の言い方ができる。国際舞台に出ても他国の首脳にひけを取らず、堂々としていられる。生まれながらに政治家一族の空気を吸って育ったことで、余裕を醸し出すこともできる。そんな人物を時代が求め、彼もまた時代の中で生きることを望んだ。安倍元首相は、そうした現在の社会状況、日本人のメンタリティの象徴でもあった。

そうしたことを考えると、むしろ安倍元首相はテロの対象からは最も遠い人物だったはずだ。そんな安倍元首相でさえ、テロの対象になってしまったというところに、ポピュリズムの時代の怖さがある。

ポピュリズムの怖さは、正義と不正義の基準が一瞬で逆転するところにある。そして、短絡的な正義が一瀉千里《いっしゃせんり》に走り出す危険性もある。安倍元首相の生前はアベノミクスや歴史観、政治手法、外交、公私混同などを批判してきたメディアや論客などが、暗殺後は一転して安倍元首相を礼賛するような例も見受けられる。一方で、山上徹也被告の減刑を求める署名運動まであるという。

しかも安倍元首相の暗殺から一年もたたない二〇二三年四月、和歌山市内の演説会場で岸田文雄首相（当時）に爆発物が投げつけられた。幸い岸田首相は無事だったが、破裂した金属片の飛び散り方によっては死者が出かねない事件であった。一年足らずの間に元首相、現職首相の命が連続して狙われたのは、明らかに異常事態である。

首相を狙ったテロの連鎖は、昭和初期にまで遡らなければならない。昭和五（一九三〇）年十一月に発生した濱口雄幸首相狙撃事件以降、昭和十一年二月の「二・二六事件」まで、要人を狙ったテロが相次いだ。それから約九十年ぶりの事態である。

こんな時代だからこそ、私たちは立ち止まって歴史をつぶさに検証しなければならない。それがテロを封じる道にもなる。

第5章　共産主義者の傲慢と感傷

徳田球一

第一次共産党の成立と壊滅

明治四十三（一九一〇）年の大逆事件では、幸徳秋水らが天皇暗殺を企てたとして死刑となり、社会主義勢力はほぼ根絶やしにされた。堺利彦が「売文社」を設立して社会主義の灯をかろうじて護《まも》ってはいたが、大きな盛り上がりを取り戻すには至らなかった。

ところが地下水脈化した社会主義勢力は、海外から流れ込んだマルクス・レーニン主義に力を得て、次第に地上に姿をあらわす。

大正六（一九一七）年のロシア革命は、日本の思想家たちに凄まじい衝撃をもたらした。共産主義の総本山であるモスクワのコミンテルンは、世界に共産主義を広めるため、日本にも使者を派遣し、大逆事件で連座を免れた堺らに接触した。コミンテルンとは「共産主義インターナショナル」の略称である。各国共産主義政党の国際統一組織としてモスクワに設立され、世界各国の共産主義運動の司令塔的役割を果たしていた。日本もその例に漏れず、コミンテルンの使者が日本の社会主義者たちと接触をしはじめた。

一方、大逆事件後アメリカに亡命していた片山潜は、同じ頃アメリカに渡っていた社会主義者の近藤栄蔵と知り合った。二人は当地でロシア革命の成功を知り、共産主義に傾倒してゆく。その後、片山はコミンテルン代表としてアメリカで活動し、カナダやメキシコでの共産党設立に関与した後、ソ連に向かった。近藤は大正八年、日本に帰国し、社会主義者たちのネットワーク作りを開始。さらに上海に渡ってコミンテルン極東部委員会から巨額の活動資金を受領した。

大正十年、堺、近藤、山川均、橋浦時雄、高津《たかつ》正道らが中心となってコミンテルン日本支部の結成準備会を立ち上げた。

そして大正十一年七月十五日、堺、山川、荒畑寒村、片山、渡辺政之輔、徳田球一、佐野学、鍋山貞親、野坂参三らが中心となり、第一次共産党が結党された。初代委員長には堺が就き、七人の中央委員を選んだ。現在の日本共産党も、この日を創立記念日としている。創立時の党員は百人ほどだったとされている。

同年十一月のコミンテルン大会には代表を派遣し、コミンテルンからも公式に認められた。翌大正十二年三月の中央委員会（石神井会議）では、コミンテルンから寄せられた「日本共産党綱領草案」（二二年テーゼ）を討議するまでに党勢が拡大した。この綱領草案はレーニンの側近として初期のコミンテルンを理論面から支えたニコライ・ブハーリンが起草したとされている。なお、ブハーリンはのちにスターリンの大粛清に巻き込まれ、わずか四十九歳で銃殺されている。

だが、第一次共産党は長続きしなかった。大正十二年六月、一斉検挙を受け、堺や荒畑らが逮捕されてしまう。ただ、共産党側は警察の動きを察知しており、佐野や近藤など一部の幹部を中国経由でソ連に逃亡させることに成功した。それでも、組織としては未熟であった。堺や山川からも結党は時期尚早だったとの反省の声が漏れ、大正十三年三月に残った幹部らが集まり解散を決めた。

第二次共産党と「福本イズム」

しかしコミンテルンは日本に共産主義勢力の橋頭堡をつくることをあきらめなかった。大正十四(一九二五)年、コミンテルンから派遣され中国で活動していたグレゴリー・ボイチンスキーは佐野学、徳田球一、荒畑寒村らを上海に呼び寄せ、党再建の指示を出した。このときの指示は「上海会議一月テーゼ」と呼ばれる。

これを受けて大正十五年に第二次共産党が再建された。委員長は佐野文夫、幹部は佐野学、徳田、鍋山貞親、福本和夫、渡辺政之輔らである。第二次共産党もコミンテルン日本支部としての位置づけだった。同年十二月には山形県の五色温泉で再建大会が開かれ、二段階革命論が承認された。当面の目標である「専制的遺制の完全なる一掃」とは天皇制の打破であるとの意思確認もおこなわれた。

党内で強い影響力を誇ったのは福本であった。ドイツ、フランス、イギリスへの留学経験があり圧倒的な語学力と読書量を誇る福本は、それまでの共産主義者が未熟な翻訳による書物で学んでいたためにおかしていた解釈の間違いを次々に指摘し、論破していった。福本は理論闘争によって労働者組織に外部から理論を注入することの必要性を説いた。それまで運動を大衆化する方向で組織をリードしていた山川均は福本から厳しく批判され、両者は激しく対立していた。また、高踏的かつ衒学《げんがく》的なレトリックを用いた福本の文章や演説は、多くのインテリたちを魅了した。いわゆる「福本イズム」である。共産党内の若手たちは熱狂的に福本を信奉し、礼賛の嵐が共産党内に吹き荒れた。

一方、社会主義者の先駆的存在であった堺利彦、荒畑らは、第二次共産党には参加しなかった。のちに山川や荒畑は、「労農派」と呼ばれる一派を形成する。なお、第二次共産党は山川と荒畑を除名処分とした。このようにしてみると、ソ連だけでなく日本共産党内においても初期から凄惨な権力闘争の嵐が吹き荒れていたことが理解できる。

インテリと労働者

党指導者層の派閥争いとは別に、当時の日本で共産主義に飛び込んだ人々には大きく分けて二つのグループがあった。

一つは知識人層である。高等教育を受けた知識人たちにとって、要素還元論的に資本主義の矛盾を分析した共産主義理論は、知的な刺激に富む最高のテキストであった。また、比較的裕福な家の出身者が多かった知識人層にしてみれば「自分たちは恵まれているが、農民や下層労働者たちの生活はひどい状態にある」という葛藤と罪悪感を解消するための理論として、共産主義が存在したともいえる。東京帝国大学法学部出身で、新人会で活動していた佐野学などがその代表といえる。

もう一つは、労働者としての実体験を経て共産主義運動に入ってきたグループだ。高等教育は受けていないが、社会で働くうちに不条理に気づき目覚めたタイプである。高等小学校卒業後に労働者を経て活動家になった鍋山貞親、渡辺政之輔などがその典型だ。

共産主義運動の盛り上がりに危機感を抱いた政府は、大正十四（一九二五）年、治安維持法を制定し、共産主義思想の取り締まりを強化した。取り調べは苛烈を極め、共産主義者は殺してもかまわないというのが特別高等警察（特高）の方針だった。

もっとも共産主義者のほうも筋金入りで、コミンテルンの諜報機関員リヒャルト・ゾルゲに協力した評論家の尾崎秀実のように、死刑になるまで自身の任務を「ソ連を日本帝国主義から守ること」と固く信じていた者や、『蟹工船』『党生活者』などの小説によって共産主義を広めた小林多喜二のように拷問されても思想に殉じた者もいた。

では、実際に共産主義に身を投じた当時の若者のなかには、どのような心象風景が広がっていたのだろうか。文芸評論家の亀井勝一郎と作家の太宰治に注目してみたい。

亀井勝一郎少年の「富める者の罪悪感」

大正デモクラシーの風潮の中で、反体制運動に身を投じる人々が出てきた背景には、当時の社会情勢がもたらした不条理がある。

近代化をめざす日本政府の大方針の下、産業資本が著しく成長した。とくに軍部から官需を受注していた重工業や藩閥と結びついて土地の払い下げを受けた財閥は莫大な富を得た。一方で、貧富の差は拡大した。農村の困窮は深刻で、欠食児童や女子の身売りなどが社会問題化した。都市でも失業者が増え、社会全体に停滞感が漂っていた。

そんな中、富裕層に生まれた若者の中には、自らの境遇に罪悪感を持つ者が数多くいた。

現代は高校卒業生の約半数が大学に進学するが、昭和初期の大学進学率は一割にも満たず、大学生はエリートだった。彼らの中には、恵まれた身分である自分自身への葛藤があった。反体制運動に身を投じる学生も増えていった。大正七（一九一八）年には東京帝国大学で「新人会」が発足した。

当時の日本には吉野作造の民本主義や、社会民主主義、農本主義などさまざまな思想があった。だが、権力に抵抗する思想的武器としては、マルクス主義のほうが圧倒的に強力だった。大正から昭和初期にかけて、マルクス主義は主に知識人層に広まったが、階級分析、資本と労働の分析、疎外や剰余価値論等において要素還元論的な整合性を持っているマルクス主義は、知的エリートを納得させる論理的な筋道が明確だった。逆に言えば、天皇制に立ち向かう武器としての思想は、マルクス主義しかなかったともいえる。

文芸評論家の亀井勝一郎も、そのうちの一人である。明治四十（一九〇七）年、北海道函館の旧家の長男として生まれた亀井は、父親が銀行の頭取をつとめる経済的に豊かな家庭で育った。小学校一年の頃からキリスト教会に通い、英語を学んだ。何不自由ない子供時代だったが、亀井は早くも自らの境遇に罪悪感を抱いていた。

尋常小学校を出て旧制函館中学校に進んだ頃の雪の朝、電報配達が来た。十三歳の亀井

亀井勝一郎

は「新しい金ボタンのついた極めて上質の羅紗《らしゃ》服を着、暖かい外套《がいとう》にくるまって、まさに家を出ようとするとき」だった。電報配達は、亀井が通っていた教会で知り合った、同じ年頃の友人だった。偶然の再会だが、その少年はつぎはぎだらけの小倉（織）の服に地下足袋姿で、手はひびだらけだった。

少年は亀井に言った。「君はいいなあ」。

「そのときうけた一種の衝動は、何かの傷痕のように残っている。少年の僕が、はじめて『富める者』という自覚をもち、且つそれが苦渋であることを知ったのはたしかにこの時である」（『我が精神の遍歴』）

なお、函館中学の同級生には、のちに第二次共産党中央委員長となる田中清玄がいた。

函館中学を卒業後、亀井は旧制山形高校文科乙類に進んだ。そこにはマルクス主義の嵐が吹き荒れていた。

「山川均の『資本主義のからくり』というパンフレットが当時の『聖典』であったが、それを宣伝する学生の意気込みはすさまじいもので、マルクス主義者にあらざる者は人にあらず。『なんじは資本家の走狗となるか、それとも革命の陣営に立って死ぬか』といったような激しい二者択一を迫り（後略）」（『現代史の中のひとり』）

大正十五年、東京帝国大学文学部に入学した亀井はまずマルクス主義芸術研究会に入り、次に新人会に移った。函館中学で同級生だった田中は旧制弘前高校で学生運動に明け暮れ、一年遅れて東大に入った。二人は一緒に新人会に入り、革命を信じて仲間と「国禁の書」を読み、マルクス主義を研究した。工場などへのビラまきでは警官に捕まったこともあった。日本共産青年同盟の一員となり、二人はやがて指導者的な立場になってゆく。

シンパとなった太宰治

のちに亀井勝一郎と親交を結ぶ太宰治も、生家の豊かさに後ろめたさを感じていた。

明治四十二（一九〇九）年、青森県・金木《かなぎ》の大地主の家に生まれた太宰が共産主義思想に惹かれたのは昭和二（一九二七）年、旧制弘前高校に進学したときだ。このとき太宰と入れ違いに田中清玄が同校を卒業している。弘前高校には田中らが暴れた学生運動の熱気が生々しく残っていた。当時の感情を、太宰はこう振り返っている。

「プロレタリヤ独裁。それには、たしかに、新しい感覚があった。協調ではないのである。独裁である。相手を例外なくたたきつけるのである。金持は皆わるい。貴族は皆わるい。金の無い一賤民だけが正しい。私は武装蜂起に賛成した。ギロチンの無い革命は意味が無い。しかし、私は賤民でなかった。ギロチンにかかる役のほうであった。私は十九歳の、高等学校の生徒であった。クラスでは私ひとり、目立って華美な服装をしていた。いよいよこれは死ぬより他は無いと思った。私はカルモチンをたくさん嚥下したが、死ななかった」（『苦悩の年鑑』）

太宰治

昭和五年、太宰は東京帝国大学に進学した。そこで弘前高校から帝大に進んでいた先輩の要請に応じて、共産党のシンパとなった。資金カンパやアジトを提供し、提供した部屋では、共産党の機関紙「赤旗《せっき》」の謄写版印刷が行われることもあった。死ぬことには失敗した太宰だが、実家の資金力は左翼仲間には魅力的に映った。「私は金を出す役目になった。東京の大学へ来

てからも、私は金を出し、そうして、同志の宿や食事の世話を引き受けさせられた」（同前）

それは太宰が働いて得た金ではなく、「生家をあざむき、つまり『戦略』を用いて、お金やら着物やらいろいろのものを送らせて、之を同志とわけ合うだけ」（同前）のものだった。

当時の日本社会には、無数の亀井勝一郎、太宰治がいたのである。

普通選挙で共産主義者が躍進

大正デモクラシーの高揚とともに、普通選挙（普選）を求める声も強くなった。普選とは、納税額による選挙権の制限を撤廃した選挙のことである。

明治二十三（一八九〇）年の第一回衆議院選挙では、直接国税を十五円以上納めた二十五歳以上の男性だけに選挙権があり、有権者は全人口の一％しかいなかった。「平民宰相」原敬でさえ普選には慎重で、直接国税の納税要件を十円以上から三円以上に下げるにとどまった。有権者の数は三百七万人となったが、人口の五・五％でしかなかった。

しかし大正十四（一九二五）年三月、加藤高明内閣のもとで普選法案が成立した。加藤内閣は、普選の目的を「革命の安全弁」と公言してはばからなかった。つまり、積極的に国民の権利を拡充して民主主義を進めるために導入したのではなく、国民の政治参加への道を一定の枠内に限って広げることで国民の不満をガス抜きし、革命まで暴発するのを防ぐという発想である。

普選法の成立によって有権者は千二百四十一万人、全人口の二十%余りにまで増えた。とはいえ二十五歳以上の男性のみであり、女性の参政権は認められなかった。

そんな限定的な選挙制度であっても、為政者にとっては脅威であった。無産階級（プロレタリア）、すなわち資本主義下における労働者や農民など、賃金で生活する人々が政治に直接参画してくるからである。

そこで同年四月、加藤内閣は悪名高い治安維持法を制定した。第一条にはこうある。

「国体ヲ変革シ又ハ私有財産制度ヲ否認スルコトヲ目的トシテ結社ヲ組織シ又ハ情ヲ知リテ之ニ加入シタル者ハ十年以下ノ懲役又ハ禁錮ニ処ス」

革命運動を目指す団体を作ること自体を許さない、との内容である。同法はこの後改悪を重ね、共産主義だけでなく自由主義、民主主義への弾圧の道具となっていく。

最初の普通選挙は昭和三（一九二八）年二月二十日に行われた。共産党は日本労農党の候補を名乗って、ひそかに党員を立候補させた。また、選挙戦の中で党機関紙「赤旗」を創刊し、インテリ、労働者に向けてのプロパガンダを展開した。

この選挙で、労農党等を名乗った無産勢力が続々と当選した。都市部では五万票、農村部では十四万票を獲得した。京都では弁護士水谷長三郎や、のちに右翼に刺殺される山本宣治が労農党から当選した。ただし、山本は共産党推薦候補であったが、水谷は反共の立場で共産党とは距離を置くなど、同じ労農党内でも温度差があった。また、社会民衆党が安部磯雄や西尾末広、鈴木文治、亀井貫一郎の四議席、日本労農党が一議席を獲得した。無産政党の議席数は合計八となり、得票数は合計四十九万にも上った。

改悪された治安維持法

激しい弾圧にもかかわらず、共産主義勢力が多数の票を得たことで、政府や財閥は焦った。時の首相は陸軍出身で長州閥の流れをくむ田中義一である。

選挙後間もない昭和三（一九二八）年三月十五日、無産政党関係者らへの全国規模の弾圧がおこなわれた。早朝、検事局と特別高等警察は内務省、司法省の指揮の下に共産党や労農党関係者など千人以上を検挙した。いわゆる三・一五事件である。共産党は野坂参三や志賀義雄ら幹部が捕まり、大きな打撃を受けた。

共産主義者への拷問の模様は、プロレタリア作家・小林多喜二の小説『一九二八年三月十五日』にリアルに描かれている。被疑者らに対して目をそむけたくなるような暴力を加え、不潔きわまりない留置所に押し込み、人間性を踏みにじる。同作品は伏せ字と削除箇所だらけで公開された。その小林自身も地下に潜っていた昭和八年、特高に拘束され拷問のうえ殺される。東大新人会も、三・一五事件直後に大学当局から解散を命じられた。

田中内閣は三・一五事件を報道禁止にしていたが、事件の概容は少しずつ世間に広まった。そこで同年四月になって、新聞報道を部分的に認める代わりに、労農党、日本労働組合評議会、全日本無産青年同盟の三団体に解散命令を出した。この三団体は共産党に同調して抗議行動を起こす可能性があると睨んでいたからである。

同四月、治安維持法の改正法案を議会に提出した。それは罰則を「十年以下ノ懲役」から「死刑」へと、格段に厳しくしたものだった。さらに注目すべきは、「目的遂行罪」が追加されたことだ。条文にはこうある。

「私有財産制度ヲ否認スルコトヲ目的トシテ結社ヲ組織シタル者、結社ニ加入シタル者又ハ結社ノ目的遂行ノ為ニスル行為ヲ為シタル者ハ十年以下ノ懲役又ハ禁錮ニ処ス」

ここでいう「目的遂行ノ為ニスル行為」を判断するのは、特高などの当局である。恣意的な解釈が可能だった治安維持法が、悪用される余地をさらに増すことになる。

法案は審議未了で廃案となったが、同年六月、田中内閣は緊急勅令で改正治安維持法を公布した。緊急勅令とは大日本帝国憲法第八条に基づき、法律で定めるべき事項でも、国会閉会中は天皇の命令である勅令にできるというものだ。次の国会での承認が条件だったが、治安維持法のように時の政権にとって都合のいい形で利用されることがあった。

暗殺された山本宣治

治安維持法改正案は、昭和四（一九二九）年二月の議会で審議されたが、ここで敢然と反対したのが山本宣治だった。

第一回普通選挙で京都から選出された山本は、カナダ留学、東大を経て、生物学者として京都大学や同志社大学の講師などを務めたインテリ層の人物である。しかし、西尾末広らが設立した労働者向けの「大阪労働学校」の講師を務めるなど、労働者の中に入って思想を血肉化した経験もあった。

山本は三・一五事件で検挙された者たちに対して当局がおこなった拷問の内容を、独自の調査に基づいて議会で暴露した。気絶するまで竹刀《しない》で殴る、三角形の柱の上に座らせて膝の上に石を置く……凄まじい拷問の実態を白日の下にさらしたのだ。

同年三月五日、山本は治安維持法改正反対の演説を準備していた。だが与党政友会は討論打ち切りの動議を通して封殺する。改正案は賛成二百四十九、反対百七十で可決された。

その夜、山本は滞在していた東京・神田の旅館で右翼団体の団員に刺殺された。当時、山本には私服刑事が常に尾行していたが、殺害当夜は尾行がついていなかったという。さらに警察は早々に、犯人に殺意はなかったが口論の結果死なせてしまった、という「自白」を発表した。不可解すぎる暗殺であった。

華族にも及んだマルクス主義

治安維持法には政府の共産主義に対する憎悪や恐怖がにじむ。また、政府は共産主義が富裕層や知識人層に浸透していることにも強い危機感を持っていた。政府は治安維持法に基づく弾圧をより強化して行く。

昭和三（一九二八）年四月、亀井勝一郎は治安維持法違反容疑で逮捕、投獄された。二年半におよぶ獄中生活を耐えた亀井だが、非合法である共産主義の政治活動には今後一切関与しない、という約束をし、昭和五年十月に保釈された。政府は昭和四年にも大がかりな弾圧をおこなった（四・一六事件）。この時、鍋山貞親ら主な幹部も逮捕されており、第二次共産党は事実上ここで壊滅状態に陥った。

一方、太宰治は昭和六年、東京・杉並署に留置され、西神田署でも取り調べを受けた。「私はたびたび留置場にいれられ、取調べの刑事が、私のおとなしすぎる態度に呆れて、『おめえみたいなブルジョアの坊ちゃんに革命なんて出来るものか。本当の革命は、おれたちがやるんだ。』と言った。その言葉には妙な現実感があった」（『苦悩の年鑑』）

その後、太宰は青森の警察に出頭し左翼活動から離脱することを文書で誓約した。

ただ、弾圧を強化してもマルクス主義の蔓延は止まらなかった。ついには「皇室の藩《はん》屏《ぺい》」である華族にも影響は及ぶようになる。

岩倉具視《ともみ》のひ孫、岩倉靖子はその一例である。靖子は昭和二年、女子学習院から日本女子大学校附属高等女学校に転校し、昭和五年に日本女子大学の英文科に進んだ。その翌年秋ごろ、共産主義運動に関わり始めたと思われる。マルクス主義文献の読書会を開いたり、上流階級の女性を対象にした共産主義思想クラブ「五月《さつき》会《かい》」を発足させたりした。また、共産党の指示を受けて、組織の拡大を目指した。

しかし昭和八年三月、靖子は特高に検挙された。転向する気配を見せないため、起訴され、市ヶ谷刑務所に収監された。だがその後、キリスト教に回心したとして転向し、同年十二月に保釈された。保釈後は東京・渋谷の岩倉邸に戻ったが、まもなくカミソリで右の頸動脈を切り、靖子は二十歳の若さで思想に殉じた。

さらに、華族のための学校である学習院でも事件は起きた。在校生や卒業生の中に共産党を支援する者がおり、昭和八年一月と三〜四月、そして九月に計九人が検挙された。天皇制の足元に、君主制を否定する思想が浸透していたのだ。政府の恐怖、危機感は高まった。その反動として、共産主義者への弾圧と、転向させるための懐柔策も一層加速していった。

共産主義の恐怖を煽るプロパガンダ

官憲の意向を受け、民間でも共産主義撲滅を掲げた書が刊行された。たとえば昭和八(一九三三)年に刊行された『不穏思想の真相と其対策』(兵書出版社)は、法学士、文学士の肩書きで綾川武治《たけじ》という人物が著者となっている。綾川は大川周明の知己を得て右翼系の団体を渡り歩き、満州と日本を行き来しながら活動していた。本書にはのちの首相である平沼騏一郎、陸軍大将の渡辺錠太郎の二人が推薦、序文を寄せている。官憲、大学関係者などに読まれたらしく、共産主義への警戒心を執拗に説いている。

同書の第5章「共産党運動の五大毒悪性」では、共産主義の五つの害毒と称して「国体の変革」「国家独立性の剝奪」「自国敗北主義」「経済生活の破壊」「内乱暴動戦術」を論じている。たとえば「国体の変革」では、「我が日本国家が明治以後欧米列強に伍してその国家生活を存続し、その国運を隆興して強国の地位にまで押しあげて来た根本の力は、この国体に対する信念信仰に発して居ると断定せざるを得ないのである」という趣旨のもとで、共産主義の廃絶を訴えている。

そして「共産主義者及び共産党員は、我が日本国家、日本国民の倶《とも》に天を戴くを得ない讐敵《しゅうてき》であるといわなければならない」と結論づける。

同書のエッセンスは次の二点に集約される。

①近代日本が一等国になれたのは、維新以後の帝国主義的政策の勝利である。共産主義はそれを根本から崩そうとしている。

②共産党国家は、新たな皇帝制度によって成り立っている。つまりロマノフ王朝に代わる共産党皇帝である。

綾川が本書で強調しているのは、日本が近代化に成功したのは、天皇を戴く君主制のゆえであり、それはロシアの皇帝制度とは異なるという見方である。さらに綾川は、日本の教育機関や文壇、論壇、官界、教育界、芸術の世界などあらゆる知識階級の中に共産主義者が入り込んでいるので警戒せよ、と訴える。欧米崇拝をやめよ、さらには国民一人一人が特高の刑事になって共産主義者を見つけ出せと言わんばかりの論調である。明治期の自由民権論者に対する弾圧に匹敵する国家権力のヒステリー化が、顕著にみられる。

国家がヒステリー化する時代は、ファシズム体制の台頭と重なり合う。共産主義者への弾圧は、そんな国家の異様さを反映している。

なぜ共産主義勢力は日本に根づかなかったのか

幾多の弾圧があったせいか、戦後から今日に至るまで、共産主義運動では〝殉教者〟が称賛される風潮がある。たとえば戦後の日本共産党の中心人物となった徳田球一や志賀義雄、宮本顕治らは十数年間の「獄中非転向」を貫いたということで支持者たちから熱烈な喝采を浴び、求心力を得ていった。

そうした中で、共産主義思想を捨てて「転向」する人々も多かった。先に紹介した岩倉靖子はその典型である。だが、彼女は転向後にみずから命を絶った。転向者がいかに重い十字架を背負わされてきたかを物語っている。

しかし、ある事件を転機にして、転向者が怒濤のように相次ぎはじめた。

昭和八（一九三三）年六月十日、新聞各紙が佐野学と鍋山貞親の転向を大々的に報じた。二人が収監されていた東京・市ヶ谷刑務所から「共同被告同志に告ぐる書」と題した長大な転向声明書を出したことを報じる記事で、声明書も掲載された。佐野は昭和四年に上海で検挙され、治安維持法違反によって東京地裁で無期懲役の判決を受けていた。鍋山も同年の四・一六事件で逮捕され、収監されていた。

第二次共産党の中心人物二名が転向声明書を出したショックは劇的だった。二人に続いて、幹部やシンパたちが雪崩をうつように転向していったのである。すでに四・一六事件で大打撃を受けていた共産党は、とどめを刺されるかたちで壊滅した。十二年後に太平洋戦争が終わるまで、共産主義勢力が息を吹き返すことはなかった。

ここで「なぜ日本社会に共産主義勢力は根づかなかったのか？」という素朴な疑問が思い浮かぶ。

弾圧が熾烈《しれつ》を極めたことは論を俟たない。しかし、ロシア、中国、ベトナムなど共産主

鍋山貞親（左）と佐野学（右）

義政権を発足させた国々でも同じような弾圧はおこなわれた。それでもこれらの国々では共産主義勢力が勝利し、権力を覆した。そう考えると、そもそも共産主義は日本社会の精神的土壌にはまったく合わなかったのではないか——という仮説が成り立ちうる。

転向声明書でコミンテルンを痛烈批判

その謎を解くカギとして、佐野学・鍋山貞親の転向声明書を詳しく見てみよう。同声明書はこんな前書きから始まる。

「我々は獄中に幽居すること既に四年、その置かれた条件の下において全力的に闘争を続けると共に、幾多の不便と危険とを冒し、外部の一般情勢に注目してきたが最近、日本民族の運命と労働階級のそれとの関連、また日本プロレタリア前衛とコミンターン（コミンテルン）との関係について深く考うる所があり、長い沈思の末、我々従来の主張と行動とにおける重要な変更を決意するに至った」

二人は転向声明書の中で、個々の党員が真面目で果敢に働き、屈せざる情熱をもっているにもかかわらず、党自身の方向性が歪《ゆが》んでいることを大いに遺憾だとしたうえで、コミンテルンそのものを批判する。

「かかる事態は最近時の党指導者の個人的資性や能力にその本来的原因が有るのでない。彼等の多くが所与の条件の下に於いて最も誠実優秀の人物であったことを十分信ずる。それにも拘らず党がプロレタリア前衛の結合たり得ないことが根本問題なのだ。我々は熟考の末、かかる事態を必然ならしめた根本原因の一つは、我々が無限の信頼を寄せていたコミンターンの政治及び組織原則そのものの中にあるを悟った」

つまり、日本共産党の迷走は、コミンテルンに原因があると断じている。

「我々は従来最高の権威ありとしていたコミンターン自身を批判にのぼせる必要をみとめる」とし、コミンテルンが「セクト化官僚化」し、気骨ある労働者よりも口先だけのプチブルジョアを重用していると批判。昭和四（一九二九）年の世界大恐慌においても無能さを露呈したと指摘する。世界各国を見ても、ドイツ共産党がヒトラーの反動の前に何の抵抗もできないことや、王制が倒れ第二共和政に移行したスペインの混乱を挙げる。そのうえで、コミンテルンに右顧左眄《うこさべん》する共産党を厳しく批判する。

「今日、日本共産党が既に内面的に変化せるコミンターンの決議に事々に無条件服従を求められ、日本の労働階級の創意の奔放を妨げて居るのは、我が労働者運動の一大不幸となった。我々は過去十一年間、忠実に一切の苦楽をコミンターンに托してきたが、今、一切の非難を甘受する決意を以て、本声明書に述ぶる諸理由に基き、日本の左翼的労働者運動が、党と言わず、組合と言わず、コミンターンの諸関係から断然分離し、迫り来る社会的変化に適応すべく、新たなる基準に於てラヂカルに再編制せられねばならぬことを主張する」

コミンテルンの方針との葛藤

なぜ佐野学と鍋山貞親はこれほど痛烈にコミンテルンを批判したのか。その理由は、第一次、第二次共産党は「コミンテルンの日本支部」という位置づけであったことにある。共産党は、きわめて中央集権的かつ官僚的な組織体系をその特徴とする。支部である以上、コミンテルンからの指令には絶対服従しなければならない。

昭和二（一九二七）年二月、コミンテルンは第二次共産党幹部の徳田球一、福本和夫らをモスクワに呼び出し、活動について批判と指導を行った。この際、コミンテルンから「君主制の廃止」などの綱領を突きつけられた。いわゆる「二七年テーゼ」である。

二七年テーゼは、日本の共産主義者たちに大きな動揺と葛藤を引き起こした。まず、第二次共産党に熱狂の渦を巻き起こしていた「福本イズム」がコミンテルンによって全面否定され、福本は主流派から追いやられた。同時に「山川イズム」も否定され、山川均も第二次共産党からは除名された。

昨日までは一世を風靡《ふうび》していた言説が、コミンテルンの鶴の一声で否定され、幹部たちは風見鶏のように向く方向を変えて恥じない——。そんな事例を何度も見ているうちに、日本の共産主義者たちの間には疑念が芽生えてゆく。

コミンテルンが無視した「日本の特殊性」

佐野学と鍋山貞親が問題視するのは、コミンテルンが日本の特殊性に配慮していないことである。

「コミンターンが日本の特殊性を根抵《ママ》的に研究せず、ヨウロッパの階級闘争の経験殊にロシア革命の経験にあてはめて日本の現実を引きずって行く傾向は、我々の夙《つと》に指摘していた所であるが、昨年五月発表の日本問題新テーゼはかかる傾向の頂点を示して居る」

ここで言う「日本問題新テーゼ」とは、昭和七（一九三二）年にコミンテルンが日本共産党に指示した方針書「日本における情勢と日本共産党の任務にかんするテーゼ」（三二年テーゼ）のことを指す。

三二年テーゼは、日本の支配体制を「天皇制」「地主」「独占資本主義」の三つの要素より構成される「絶対君主制」であると規定している。そのうえで、日本共産党はまずブルジョア民主主義革命をおこない、天皇制と地主制度を打倒し、労働者の「七時間労働」を実現したうえで、続いてプロレタリア革命に強行的に転化させてゆく――という「二段階革命論」を提示している。

三二年テーゼにもとづく「二段階革命論」は日本共産党内の主流派「講座派」の理論的支柱となり、戦後もその路線が続いている。なお「講座派」とは、岩波書店が当時出版していた『日本資本主義発達史講座』に由来する。同書の執筆陣がそのまま共産党主流派を占めていたことからそう呼ばれるようになった。

しかしながら、佐野と鍋山は三二年テーゼを「著しき方法論的誤謬《ごびゅう》」を犯しているとして厳しく論駁《ろんばく》する。

「同テーゼの冒頭は、日本資本主義の『特殊に攻撃的な強盗性』なるものに対する自由主義的憤激を以て始まって居る」が、資本主義はどこでも強盗的であって日本だけがことさら強盗的だったわけではないと指摘する。そして、日本の特殊性をこう強調する。

「問題は、十九世紀後半に日本が他国の植民地とならず、自ら資本主義として発展したことが当時の事情の下において莫大な革命的意義を有したことにある。それは欧米資本の重圧に呻吟するアジア諸民族の覚醒と革命的闘争を早め、以て世界史の進歩の有利な条件を創造した。この歴史的必然、この世界史的意義をヌキにして日本資本主義の全発達過程をただ強盗と罵ってみても何等科学的なものはない」

共産主義革命を待つまでもなく、すでに日本は革命を遂げている、との宣言である。

さらにコミンテルンによる君主制廃止のスローガンを「バカげた規定」と断じ、コミンテルンの指示に従っていた共産党が「外観だけ革命的にして実質上有害な君主制廃止のスローガンをかかげたのは根本的な誤謬であった」と指摘する。そして日本の君主制が「明治維新以来、進歩の先頭に立った」と賞賛する。

天皇は日本民族の中心

気になるのは、天皇制についての見解である。この転向声明書の中で最も重要なのは、以下の部分である。

「我々は日本共産党がコミンターンの指示に従い、外観だけ革命的にして実質上有害な君主制廃止のスローガンをかかげたのは根本的な誤謬であったことをみとめる。それは君主を防身の楯とするブルジョア及び地主を喜ばせた代りに、大衆をどしどし党から引離した。日本の皇室の連綿たる歴史的存続は、日本民族の過去における独立《どくりつ》不羈《ふき》の順当的発展世界に類例少きそれを事物的に表現するものであって、皇室を民族的統一の中心と感ずる社会的感情が勤労者大衆の胸底にある。我々はこの事実を有りの儘に把握する必要がある」

つまり、日本人の中にある天皇に対する感情を肯定し、積極的に受け入れようというものだ。そればかりか、皇室の存在意義を積極的に見出そうとさえしている。

佐野学と鍋山貞親が強調するのは、天皇を「民族的統一の中心」と受け止める感情が大衆にはある、ということだ。なぜ急にこのようなことを言いだしたのかを考えてみたい。

もともと彼ら自身のなかにも「臣民」としての意識があったが、知識として身にまとった共産主義理論をもって、党指導者として振る舞っていた。しかし、独房における自省や検事、判事らの説得を聞くうちに、身にまとっていた思想が剝がれ落ち、自身の身に染みついた「臣民」としての意識が顔を出した――そのように考えられるのである。

天皇を「おやじ」と言い換える

ここには「攘夷」の地下水脈が流れている。左翼と聞くと「反天皇制」をイメージしがちだが、戦前の左翼は必ずしもそうではなかったのである。

たとえば第一次共産党発足当時、コミンテルンは「天皇制廃止」を綱領に入れるよう指令を出している。しかし中核メンバーだった堺利彦や山川均らは、天皇制廃止を綱領に入れられなかったのである。

その理由は二つあった。第一に、死刑になる可能性があったためである。当時は治安維持法制定前だったため、共産党を組織するだけであれば、治安警察法の秘密結社禁止の項に抵触する程度だった。ただ、そうだとしても、天皇制廃止を公然と掲げれば「第二の大逆事件」となるおそれがある。

第二の理由は、日本人としてのアイデンティティに由来する、根源的な迷いであった。

堺や山川ら維新後に生まれた世代は、地域や学校教育などで幼少のころから天皇の存在の重さを教え込まれてきた。彼らの土着的な心情のなかにも、天皇への崇敬が染みついていることは否定できなかった。いくらマルクス・レーニン主義を勉強しても、理論だけで自らのアイデンティティを吹っ切ることは難しかったのだ。

実際、党大会で配られた資料には天皇制廃止に関する部分が欠落しており、参加者から「なぜ天皇制について審議しないのか？」との疑問が出ると、堺は「どうしても審議するなら退席する」と言い出したという。また、仲間内の会合では「天皇」と口にすることを畏《おそ》れ多く感じてしまい、あえて「おやじ」と言い換えて議論したという。

結局、コミンテルンには「天皇制廃止を採択した」と報告したものの、党内の文書には一切その旨を記さず、運動方針としても掲げないことにした。

こうした経緯をみると、共産主義者たちにさえ、当時の人間でなければ分からない、天皇への畏怖があったことがわかる。

道義的帝国主義との親和性

佐野学・鍋山貞親の転向声明書に戻ろう。彼らは日本の特殊性と天皇の重要性を強調するうちに、いつしか民族主義的な主張をし始める。

「日本民族が古代より現代に至るまで、人類社会の発達段階を順当に充実的に且つ外敵による中断なしに経過してきたことは、我々の民族の異常に強い内的発展力を証明している。また日本民族が一度たりとも他民族の奴隷たりし経験なく、終始、独立不羈の生活をしてきたことの意義は甚だ大きいのである。（中略）日本民族の強固な統一性が日本における社会主義を優秀づける最大条件の一つであるのを把握できないものは革命家でない。民族とは多数者即ち勤労者に外ならない。我々は我が労働階級及び一般に勤労人民大衆の創造的能力に強い信念をもつ」


彼らの説く民族主義は、朝鮮、台湾にも広がっていく。

「我々は鮮台両民族に対する資本主義的搾取及び弾圧を何よりも日本民族自身に対する最大の侮辱と排する。我々は日台鮮各民族の完全な同権のために闘う」

ただ、民族同権を説いても「形式的な国家的分離」ではないとし、これらの民族がひとつの大国家を形成することが望ましいと主張する。

「経済的文化的歴史的に近接せる諸民族の勤労者大衆が一個の大国家に結合して人民的階級的に融合し社会主義の建設に努力することが遥に現実的な世界史的方向である。緊密の同一経済体系の中に生活する日台鮮勤労者大衆の共同の任務は搾取者との闘争を通じて此の国家を勤労者自身の国家たらしめるにある。（中略）我々は日本、朝鮮、台湾のみならず、満州、支那本部をも含んだ一個の巨大な社会主義国家の成立を将来に予想する」

東アジア全域において労働者が等しくその権利を享受できる経済圏をつくろうという発想は、日本が取りえた「五つの国家像」のうちの「欧米とは異なる道義的帝国主義国家」を彷彿とさせる。あるいは「アジア主義」との親和性を指摘することもできる。

いずれにせよ、朝鮮や台湾などの植民地支配を認める佐野と鍋山の姿勢は、転向後も社会主義の実現を強く主張しているとはいえ、左翼とはほど遠い。むしろ急速に天皇中心主義に近づいたと感じさせる。

地下水脈を無視した共産主義勢力

このように見てくると、共産主義が日本に根づかなかった理由が見えてくる。共産主義者たちは外来のマルクス主義に力を得て社会変革を目指したものの、日本固有の土着的な精神風土からは乖離《かいり》していたのだ。それは、日本社会に流れる地下水脈に無自覚であったばかりか、自分自身の中に流れる地下水脈をも無視していた。

共産主義運動とは、コミンテルンの指示に従って日本国内で階級闘争を進めることである。これはつまり自国のナショナリズムを否定してインターナショナリズムに収斂《しゅうれん》したと言える。私はこれを幻想だったと考えるが、共産主義運動に参加した者はその理論を根拠に、偏狭なナショナリズムの克服、具体的には天皇制の打倒を叫んで、インターナショナリズムという理想の実現をめざしたのである。

だがこの理想の行き着く先は、自国のナショナリズムがソ連のそれに吸収されるということでしかない。究極的にはソ連邦の領域に日本をも吸収しようというのが共産主義運動の本質であった。

それに対して正面から異議申し立てをおこなったのが転向声明書で、立脚点が「一君万民」だったことは、時代の必然と言うべきであろう。佐野学と鍋山貞親がまず日本の「精神」の原点に回帰したこともわかるのである。

土壇場、切所になると人間の本質があらわれるのと同じように、地下水脈も顔を出す。投獄という苦難を味わい、自己に向き合わざるをえなかった佐野と鍋山は、自分自身の中に流れる攘夷の地下水脈、道義的帝国主義の地下水脈に気づいたのである。

近衛の共産主義への恐怖

共産主義運動には、その思想を日本に根づかせるために必要なものが決定的に欠落していた。結果として、第二次共産党の壊滅をもって日本から共産主義は根絶やしにされ、敗戦後まで復活することはなかった。

だが共産主義は地下水脈化し、その後も日本社会の底流を流れ続けた。そして権力側も、その流れを察知していたのである。

それが図らずも明らかになったのは、第二次世界大戦末期の昭和二十（一九四五）年二月十四日に昭和天皇に上奏された「近衛上奏文」であった。

戦局が悪化する中、昭和天皇は首相経験者ら重臣に助言を求めた。その中の一人に、近衛文麿がいた。近衛は開戦直前まで三度にわたり首相を務めた。藤原道長につながる藤原五摂家筆頭の近衛家の当主で、昭和天皇の信任が篤かった。

近衛上奏文の書き出しは重い。

「戦局の見透しにつき考ふるに、最悪なる事態は遺憾ながら最早必至なりと存ぜらる」

しかも、もっと悪い事態が起こり得るという。

「最悪なる事態に立至ることは我国体の一大瑕瑾《かきん》たるべきも、英米の輿論《よろん》は今日迄の所未だ国体の変更と迄は進み居らず（勿論一部には過激論あり。又、将来如何に変化するやは測断し難し）。随って最悪なる事態丈なれば国体上はさまで憂ふる要なしと存ず。国体護持の立場より最も憂ふべきは、最悪なる事態よりも之に伴ふて起ることあるべき共産革命なり」

敗戦は国体＝天皇制に痛手となる。しかしイギリスやアメリカの世論は、国体の変革までは求めていない。懸念すべきは、敗戦より共産革命だ、との主張である。

そして、ソ連が日本の共産主義勢力に吹き込んだ「二段階革命論」に警鐘を鳴らす。

「つらつら思ふに我国内外の情勢は今や共産革命に向って急速に進行しつつありと存ず。即ち国外に於ては蘇聯《ソレン》の異常なる進出之なり。我国民は蘇聯の意図を的確に把握し居らず。彼の一九三五年人民戦線戦術即ち二段革命戦術採用以来、殊に最近コミンテルン解散以来、赤化の危険を軽視する傾向顕著なるが、これは皮相且つ安易なる視方なり。蘇聯は究極に於て世界赤化を捨てざることは、最近欧洲諸国に対する露骨なる策動により明瞭となりつつある次第なり」

近衛はさらにこうたたみかける。

「翻《ひるがえ》って国内を見るに共産革命達成のあらゆる条件日々に具備せられ行く観あり。即ち生活の窮乏、労働者発言権の増大、英米に対する敵愾心《てきがいしん》昂揚の反面たる親ソ気分、軍部内一味の革新運動、之に便乗する所謂新官僚の運動、及、之を背後より操る左翼分子の暗躍等なり。少壮軍人の多数は我国体と共産主義は両立するものなりと信じ居るものの如く、軍部内革新論の基調も亦ここにあり。皇族方の中にも此主張に耳を傾けらるる方ありと仄聞《そくぶん》す」

民間人だけでなく軍人、官僚、皇族の中にさえ親ソ感情が広まっているという認識である。そして、国体護持のためには、一日も早く戦争を終わらせる方法を講じるべきだと近衛は言い切る。

「戦局の前途につき何等か一縷《いちる》でも打開の理《ことわり》ありと云ふならば格別なれど、最悪の事態必至の前提の下に論ずれば、勝利の見込なき戦争を之以上継続することは全く共産党の手に乗るものと云ふべく、従って国体護持の立場よりすれば、一日も速《すみやか》に戦争終結の方途を講ずべきものなりと確信す」

近衛は戦局が日本に圧倒的に不利であることを正確に見通していた。同時に、軍部が戦争遂行の自信を喪失しているにもかかわらず、体面を維持するために戦争終結を妨害するであろうと指摘する。軍部の内情を見抜いていたのだ。

そして、軍部内に巣くう革新勢力の「一味」が、混乱に乗じて、革命を起こす可能性を指摘する。

「戦争終結に対する最大の障害は満洲事変以来今日の事態に迄時局を推進し来りし軍部内の彼の一味の存在なりと存ぜらる。彼等は已に戦争遂行の自信を失ひ居るも、今迄の面目上あく迄抵抗を続くるものと思はる。若し此の一味を一掃せずして早急に戦争終結の手を打つ時は、右翼左翼の民間有志一味と響応して国内に大混乱を惹起し、所期の目的を達成すること能はざるに至る虞《おそ》れあり。従って戦争を終結せんとせば、先づ其の前提として此の一味の一掃が肝要なり。此の一味さへ一掃せらるれば、便乗の官僚・右翼・左翼の民間分子も影を潜むるならん。蓋《けだ》し彼等は未だ大なる勢力を結成し居らず、軍部を利用して野望を達せんとする者に外ならざるが故なり。故に其本を絶てば枝葉は自ら枯るるものなりと思ふ」

近衛のこの率直な警鐘は、天皇と運命共同体である五摂家ならではの階級的な恐怖心の発露ともいえた。

もしこれと同じことを一般庶民が発言すれば、不敬だとして拷問されて殺されてもおかしくない内容である。もちろん、軍部に露見したら暗殺された可能性もある。

敗戦時に交差した二つの地下水脈

しかし当時、日本の共産党は壊滅状態にあり、近衛文麿が恐れるような力は到底なかった。近衛も当然、そのことは分かっていたはずだ。

ではなぜ、共産党を持ち出して危機を煽ったのか？

近衛は上奏文を作るにあたり、吉田茂に相談した。吉田は戦前に駐英大使を務めるなど親米英派の外交官だったが、ドイツとの連携に前のめりだった陸軍や外務省の一部と対立し、昭和十四（一九三九）年に外務省を去った。開戦後は東條英機政権の退陣や早期停戦を模索して重臣らとの連繫を進めた。そのため東條政権下では「要注意人物」としてマークされた。吉田を監視していた憲兵隊は吉田および周辺人物に「ヨハンセン」という符丁をつけてマークしていた。「吉田・反戦グループ」の意味だ。

答えを先に明かすと、近衛上奏文を実質的に書いたのは、吉田であった。

憲兵隊のほうも、吉田が上奏文に関わっていることを把握しており、近衛の上奏後に吉田の身柄を一時拘束している。

なぜそれが憲兵隊に漏れたのかというと、吉田邸にいた書生が憲兵隊のスパイだったからである。

ではなぜ吉田はそのような危険をおかしてまで上奏文を書いたのか。

私は、吉田が近衛を利用して昭和天皇を間接的に脅かしたのではないかと考えている。「戦争を早期に終わらせないと、軍内の革命勢力が力を得て、フランス革命のような事態になりますよ」――と。

共産主義革命ともなれば、貴族である近衛自身の身も危ない。吉田はその恐怖心を利用して近衛をあやつり上奏文を出させ、早期講和への筋道をつけようとしたのだ。

ただ、昭和天皇はこれに同意しなかった。どこかの局地戦で大勝利をあげ、それをもとに少しでも有利な講和に持ち込もうという「一撃講和論」にこだわっていたからだ。しかし、昭和天皇が心理的に動揺した可能性は十分窺える。

ちなみに吉田の父は、土佐藩宿毛《すくも》出身の竹内綱《つな》である。竹内は自由民権運動の中心人物の一人で、自由党結党に参画した。前述の幸徳秋水らと同じく、保安条例で東京から一時期追放されていたこともある。社会主義勢力の一掃とともに表舞台からは消えていた自由民権運動と、弾圧された共産主義思想が、敗戦間際に奇妙な形で交差したとも言えるのである。

第6章　「転向」から「自己変革」へ

社会党右派をリードした西尾末広

怒濤の転向ラッシュ

第二次共産党の巨頭であった佐野学と鍋山貞親の転向は、大きなショックをもたらした。転向声明書は昭和八（一九三三）年六月十三日に全国六百人におよぶ共産党関係の被告たちに送られ、共産党幹部や同調者たちが、雪崩を打つように転向した。

第二次共産党中央委員長をつとめた田中清玄、中央委員の佐野博、風間丈吉のほか、三田村四郎、高橋貞樹、中尾勝男の三幹部も転向。作家の中野重治、経済学者で京都帝大教授の河上肇《はじめ》、女優の沢村貞子など、文化人にも転向の流れは波及した。

昭和十一年の統計では、受刑者四百三十八人のうち三百二十四人が転向した。受刑者以外の思想犯では、昭和十五年末に四千百八十三人いたうち非転向者は百八十三人しか残っていなかったと報告されている。

ともあれ、第二次共産党は徹底的に弾圧され、壊滅状態となった。

転向にはいくつかのタイプがあった。第一に、共産主義思想を完全に捨て、運動から遠ざかったタイプだ。第二に、転向したことの負い目を糊塗するため、過剰なまでに権力と一体化しようとしたタイプだ。左翼を批判し、ときには左翼狩りの前面に立つことで、ある種の身の証《あかし》を立てようとする者さえいた。第三に、面従腹背的に転向するタイプである。運動から離れて学問や芸術、農業などに打ち込む素振りを見せながら、心の奥底では共産主義へのシンパシーを捨てきれておらず、戦後は左翼に戻った人も少なくない。

転向への批判

しかしながら、左翼陣営は転向者に冷淡だった。

第一次共産党に関わった山川均は、コミンテルンの方針に教条主義的に従っていた第二次共産党の姿勢には批判的であり、共産党とは決別し労農派に転ずる。そんな山川でさえ、佐野学・鍋山貞親の転向については「共産党両巨頭の転向」（『中央公論』昭和八〈一九三三〉年七月号）で冷ややかに述べている。

まず、佐野と鍋山の声明にある「共産党が次第に労働階級の党でなくなり、真の労働階級の関心及び闘争の外に立つに至った」という認識に対して、こう断じる。

「(「次第に」ではなく) 共産党はつとに、そういう方向を追うていたのではなかったか。(中略) 労働階級が単一な階級勢力の形成を必要とし、ほとんど本能的に、ないしは『自然発生的に』それを求めており、そのために闘っていた時に、共産党は大衆のこういう

『関心と闘争の外に立ち』、ただに外に立つばかりでなく、自分自身のドグマをもって鋭利にこれと対立し、この対立そのものによって自己の存在を主張した」

労働階級は統一戦線を作ることができず、分裂が続いていた。山川は、その分裂の元凶が共産党であったと見ていたのだ。

山川は、二人がコミンテルンを批判したことについても、皮肉を込めた批判をしている。

「（コミンテルンが）わが国の労働階級にとって有害であるという佐野・鍋山氏の判断は、決して過《あやま》っているものではない。ただわが国の無産階級運動をめちゃくちゃにして、初めてコミンターンの政策の誤謬を発見することにくらべたなら、火事に逢って初めて豚の丸焼きを発明した人は、遥かに近道を歩んだものだと云っていい」

転向者に押された負の烙印

戦後日本社会では、転向せずに思想に殉じた者が称賛されてきた。一方で転向した者には後ろ暗いイメージがつきまとい、存在自体を否定されるような評価を受けてきた。左翼運動が退潮した現在においても、転向という言葉には否定的なイメージが込められている。

転向者には、特有の屈折がある。彼らを苦しめたのは、かつての同志たちから投げつけられる「スパイ」「裏切者」といった罵詈雑言《ばりぞうごん》だけではなかった。何よりも自分自身の「良心の呵責《かしやく》」に苦しんだ。

文芸評論家の亀井勝一郎は、昭和五（一九三〇）年、市ヶ谷刑務所に収監されているときに転向したが、「汝は富める者の走狗として一生を終るか、それとも貧しきもの虐げられしものの友として牢獄に死ぬか」（『我が精神の遍歴』）という問いをつねに発していたという。この問いには、共産主義活動家たちの「傲慢」と「感傷」がにじむ。

この問いは、共産主義運動に入る者の踏み絵となった。この踏み絵を経て、運動に参加することこそヒューマニズムの実践であるという独善的な錯誤は、日本の知的エリートの間で一貫して続いている。共産党が党から離脱した者や党内で異論を唱えた者を攻撃する論のなかにもいまだに見出される。

共産主義運動こそ抑圧者の論理

しかし共産主義運動とは、近代帝国主義のひとつでしかなかったと思える。確かに共産主義運動は階級としての労働者、農民の側による権力奪取を呼号したが、近代化によって抑圧されている人々の守護者でも代弁者でもなかった。むしろ「革命」の名のもとに、人々を抑圧した側だと私は考えている。いや、抑圧者そのものだったと言ってもいい。

佐野学と鍋山貞親の転向声明書は、ヒューマニズム、人道主義、正義感などに縛られ、富める者の走狗か、貧しき者の友かで煩悶していた党員たちの心を解放した。その心理的解放を変節と断じたのが共産主義運動の側の理屈になるのだが、それこそまさに独善で、むしろ自分たちが批判する帝国主義や軍国主義と手口は同じだったと私は見ている。

そうした観点からみると、はたして非転向を貫いたことが評価に値するのであろうか。

マルクス主義を革命に転化させるためには、マルクスがイギリスを見て分析したように、資本主義の爛熟した姿を必要とした。しかし明治から昭和にかけての日本の資本主義は、爛熟どころか出発したばかりだった。労働者の団結も進んでいなかった。昭和初年代の労働組合員数は約三十一万人で、全労働者の約六％しかいなかった。マルクス主義の影響を受けた組合員はさらに少ない。つまり「資本家vs.労働者」という、マルクス主義のいう階級対立、革命論理の基本的な土壌自体が存在しなかったのだ。

このように考えると、共産主義からの離脱を「転向」という言葉で片付けることは、以下の二つの理由から適切ではない。

ひとつは、マルクス主義が日本社会に合わないと気づいた知識人や党員たちの主体性が、まったく尊重されていないことである。共産党の無謬性を間接的に語りたいがため、運動から離れた人々を蔑視したいがため、意図的に転向という語が使われてきたように思う。もうひとつは、転向を倫理的・道義的問題にすり替える詭弁に利用されてきたことだ。転向という語に含まれる一種の侮蔑感とおぞましさは、運動を進める側にも、弾圧を強行する側にも便利に活用できたのである。

「自己変革」という新たな概念

では、どのような語がふさわしいのか。ジャーナリストの大宅壮一が戦後に著した『「無思想人」宣言』の中に、ヒントがある。

大宅は旧制第三高校在学中からマルクス主義に傾倒し、東京帝国大学では新人会に所属。大学中退後も言論界、ジャーナリズムにおいて左翼活動に没頭していた。一時は共産党の秘密集会に自宅を提供したこともあった。そうした活動で特別高等警察（特高）に目をつけられ、大宅は逮捕される。

だが特高の尋問で「貴さまはエタイの知れぬ奴だ。右か左かハッキリしろ」と迫られ、大宅は「ぼくが転向すると共産党になりますよ」と煙に巻いた話を同書で明かしている。

扱いに困った特高は、結局、大宅を釈放せざるをえなくなったという。大宅は東大新人会の出身で、共産党に協力したこともあるが、思想的には明確な一線を引いていた。だからこそ、こういう態度が取れたのだろう。

月刊『思想の科学』が昭和三十四（一九五九）年に編纂した『共同研究　転向』（上巻）の中で、評論家の鶴見俊輔が転向という言葉の分析、解説を試みている。転向という言葉には、成長、発展、成熟などの語や思想変化、心境変化、変心、改心などといった概念も含まれていると指摘しつつ、転向をさまざまな視点での言い方と比較して整理、提示している。

同書で紹介された転向者の資料をよく吟味していくと、結局は日常生活の面倒や、家族からの説得などにより転向するケースが多く、共産主義の理論的矛盾に気がついて転向したのは十一％ほどにとどまる。

このようなデータを分析するうちに、転向という言葉は「自己変革」という言葉で代置させるのがいいのではないかと私は考えるようになった。自己変革は、さらに以下のように分類できる。

他動的自己変革：特高による説得などによるもの。
傍観者的自己変革：昭和八年の集団転向など、周囲に行動を合わせたもの。
主体的自己変革：共産主義理論への懐疑、疑念を理由とするもの。
偽装的自己変革：転向を偽装して時代を生き延びたもの。

このように類型化してみると、共産主義から離れた人々の思想と行動様式をうまく整理できる。

歴史の闇に埋もれた転向者

転向者は、負のレッテルを貼られたまま、昭和史の中に埋もれようとしている。だが私は負のレッテルを貼ったまま片付けるべきではないと考える。歴史を研究するとき、時には迂遠に思える作業によって、次の時代の歴史的な解釈に繋げられることがあるからである。いわば野球における犠牲バントのような試みだと考えてもいい。

このとき、転向を自己変革と捉えると、従来の「転向」のイメージとはまったく異なる風景が見えてくるのである。その手始めに、日本の近現代史におけるさまざまな事例を掘り起こしてみたい。

まずは、「転向」という語に負のイメージが与えられた歴史的経緯を振り返っておこう。

戦前、内務省や特別高等警察は左翼活動家に思想を放棄させる際の手法として「転向」という語を用いた。それは取りも直さず、共産主義者を日本主義に回帰・順化させるということになるのだが、当然のことながら、思想を捨てる本人は葛藤に苦しむ。そこで、「正しい思想に転じて向かう」というレトリックを用いたのである。

「転向」と似た表現は、江戸時代、幕府によるキリシタン弾圧でも用いられた。十字架上のキリスト像やマリア像などを踏ませて信徒かどうかを確かめ、弾圧によって改宗することを「転び」、改宗した者を「転びキリシタン」と呼んだ。この「転ぶ」という発想と表現は、「転向」に通底している。

一方、戦後になると、「転向」という語は、左翼運動体にも利用されるようになる。

徳田球一や志賀義雄ら治安維持法違反で投獄されていた活動家たちが敗戦と同時に出獄し、共産主義運動が息を吹き返すと、「獄中十八年、思想を捨てなかった」者たちが称賛され、英雄視されることになった。共産党は転向という語に「権力への屈服」「組織への裏切り」という負のイメージを込めて、転向者たちを激烈に批判した。

「転向者」との批判は、あたかも転向した者が道義的に許されない存在であるかのようなメッセージ性を持った。「転向」という語は、共産主義から離れた者たちを攻撃し、運動体の求心力を増すために、非常に便利な語だったのである。

つまり共産主義から離れた者は、権力からも、反体制運動体の側からも全否定されたといえる。そのため転向者たちは、深刻な倫理的敗北感と人間不信を抱えながら生きて行かざるを得なかった。

先にも触れたが、転向した者たちのその後の生き方には、いくつかのタイプがあった。第一に、思想を完全に捨て、ごく普通の市民として生きてゆく者。第二に、逆に権力側と一体化し、日本主義的な思想に染まる者。第三に、面従腹背的に転向し、学問や芸術に打ち込む素振りを見せながら、心の奥底では共産主義へのシンパシーを捨てきれていない者。第四に、思想と自己の折り合いがつけられず、自殺したり亡命したりする者がいた。彼らは、いずれも負い目をどこかに持ち続けていた。

さらに、同じ左派の中でも、共産党に留まった者が最上位で、穏健な社会民主主義などに転じた者は下位に置かれるという序列がついた。そのため、戦後の社会党はつねに共産党に卑下されるという奇妙な心理的現象もあった。

ただ、長い人生のなかで思想信条を変えることは、多くの人が体験することで、珍しくはない。しかも、他者から圧力を受けて無理やり変えるのではなく、自覚的に考えを変える場合がほとんどだ。

それにもかかわらず、転向という語にマイナスのイメージが与えられてきたのは、日本人が近現代史を見るときの正邪の尺度に利用されてきたからではないか、と私は考える。

尊王攘夷からの転向

実際、日本の近現代史には驚くべき「転向」がいくつもあり、国家自身が転向を繰り返してきたと言っても過言ではない。幕末から維新を振り返ると、国家の根幹そのものが大きな方針転換を迫られ、政治指導者たちも屈託なく転向を繰り返している。

本書の冒頭で見たように、当時の日本にはあり得た「国家像」が五つあった。

①欧米列強にならう帝国主義国家、②欧米とは異なる道義的帝国主義国家、③自由民権を軸にした民権国家、④アメリカにならう連邦制国家、⑤攘夷を貫く小日本国家、である。

このうち幕末の主流は、⑤の尊王攘夷論であった。この思想は徳川御三家の一つ、水戸藩が『大日本史』を編纂する過程で興った水戸学と関係が深い。尊王とは天皇を絶対的存在として臣下が忠誠を尽くし、攘夷とは日本を絶対視し、外国を野蛮な存在＝夷狄《いてき》として排除すべきとする思想である。幕府は鎖国体制をとっていた。実際は対馬を通じて朝鮮と、琉球を通じて中国、長崎を通じてオランダ、蝦夷《えぞ》などを通じてロシアと交流を持っていたが、交易は厳しく制限されていた。

ところが十八世紀末から列強の船の来航が相次ぎ、衝突も発生した。たとえば文化五（一八〇八）年八月十五日、長崎に来航したイギリス軍艦フェートン号は、オランダ国旗を偽って掲げて入港した。騙された長崎奉行側が迎え入れたところ、オランダ商館員二名がフェートン号に拉致されてしまった。人質をとったフェートン号は三日間湾内を勝手に航行し、燃料や食糧を要求した。幕府は何もできないまま、フェートン号は長崎を離れた。その後、長崎奉行の松平康英は切腹した。さらに文化八年には、千島列島をロシアの軍艦ディアナ号が測量し、艦長のヴァシリー・M・ゴローニンが松前奉行配下の役人に国後島で拘束され、二年間抑留される事件が起きた。いわゆるゴローニン事件である。日本は列強と一触即発の危機を迎えていた。

鎖国をこじ開けようとする外国の動きを前に、尊王攘夷思想は武士階級だけでなく商人や農民などにも広まっていた。幕府は海防政策を強化した。文政八（一八二五）年には

「異国船打払令」を出している。外国船は問答無用で撃退すべし、との指令であった。このような強硬令が出た背景には、「邪宗門」＝キリスト教への幕府の恐怖もあった。

しかし嘉永六（一八五三）年六月、軍艦四隻からなるペリーのアメリカ艦隊が浦賀に来航し、江戸湾の測量を勝手に行うなど示威的な行動を繰り返すと、幕府は異国からの国書は拒否する姿勢をあっさり転換し、フィルモア大統領の国書を受け取ったのである。国書は、日本の開国が日米両国の利益になると記していた。

「(日米)二国ノ民ヲシテ交易ヲ行ハシメント欲ス。是ヲ以テ日本ノ利益トナシ、マタカネテ合衆国ノ利益トナサンコトヲ欲シテナリ」

アメリカは中国との交易や捕鯨の際、太平洋で捕鯨船が破損したり燃料や食糧不足に陥ったりすることがあり、船の修繕や補給の拠点として日本の開国を強く求めていたのだ。

半年後の嘉永七年一月、ペリーは七隻を率いて浦賀に再び来航した。幕府は攘夷を早々に諦め「日米和親条約」を結び、開国した。さらにイギリス、オランダ、ロシアとも同様の条約を結んだ。

列強との力の差を思い知った尊王攘夷派

だが、薩摩藩や長州藩は攘夷の看板を降ろさなかった。大老、井伊直弼は尊王攘夷の志士を弾圧し、長州の吉田松陰らが囚《とら》われて刑死した。いわゆる安政の大獄である。志士たちの恨みを買った井伊は安政七(一八六〇)年、江戸城の桜田門外で水戸藩や薩摩藩出身の浪士によって斬殺された(桜田門外の変)。

薩摩藩は文久二(一八六二)年八月、生麦村(現・横浜市鶴見区)でイギリス人を殺傷する事件を起こした。四人のイギリス人が馬で川崎大師へ向かう所、薩摩藩の行列に出くわした。大名行列に対しては下馬して土下座するという日本の風習を知らない四人は、行列に巻き込まれてしまった。そこへ薩摩藩士が斬りかかり、一人が死亡した。

イギリス側は薩摩に犯人引き渡しと賠償金を求めたが、薩摩がこれを拒否。イギリス艦隊は鹿児島湾に向かい、城下町を砲撃した(薩英戦争)。

長州藩も翌年、下関の海峡を航行する外国船を砲撃した。薩摩藩の場合は偶発的な攘夷だが、長州藩の場合は積極的な攘夷の実行だった。だが、長州の代償はより大きかった。復讐として英仏米蘭の四カ国連合艦隊が下関を攻撃し、長州藩の砲台が占領された。

かくて薩長両藩は列強との力の差を痛感し、攘夷が不可能であると悟った。薩長は京都の朝廷での政治闘争では対立していたが、その後は討幕のために同盟を結んだのである。

もともとは尊王攘夷の急先鋒であった薩長が中心となって成立した明治政府は、攘夷をいとも簡単に捨てた。だが「攘夷は誤りだった」との宣言はまったく出ていない。「尊王」は、天皇の権威を利用して政府が専横を進めるための道具に転化した。尊王も攘夷も本来の思想とはかけ離れたものになったのだ。ある意味では、日本史上最大の転向といえる。

ただ、尊王攘夷派が発想を変えたからこそ、近代日本の発展があったことは間違いない。これも主体的自己変革のひとつである。

五箇条の御誓文が示した理念

維新後の日本は、結果として欧米列強に倣う帝国主義国家としての道を歩んだが、それには紆余曲折があった。

明治元(一八六八)年三月十四日、明治政府は施政方針を示した。明治天皇が臣下を従えて神々に誓約する、という形で、以下の「五箇条の御誓文」が発せられた。

一、広く会議を興し万機公論に決すべし

一、上下心を一にして盛に経綸《けいりん》を行ふべし

一、官武一途庶民に至る迄各其志を遂げ人心をして倦まざらしめん事を要す
一、旧来の陋習《ろうしゅう》を破り天地の公道に基くべし
一、智識を世界に求め大に皇基を振起すべし

人材を広く集めて議論を行い、優れた意見を取り入れて物事を決める。身分にかかわらず、心を一つにして国を運営する。官僚や軍人だけでなく一般の国民も、それぞれ自分の職責を果たし、各自の志すところを達成して人々に希望を失わせないように働く。旧態依然とした悪い習慣は捨てて普遍的な価値観を大切にする。知識を世界に求め、天皇を中心とするこの国家を大いに発展させる、といった内容である。

ここに新たな国家の基本理念が示されたわけだが、具体的な国家像までは見えていない。三年後の明治四年十一月、右大臣岩倉具視を全権大使とする使節団が欧米に向かった。副使として大久保利通、木戸孝允、伊藤博文ら当時の政府の中心人物が参加した（岩倉使節団）。一行は明治六年九月に帰国するまでの二年間、先進諸国の国のあり方を見て、日本の新たな国家像を考えた。たとえば大久保は「君民共治」の必要性を痛感した。国家の繁栄のためには、国王など一部の為政者が専制的に政治を運営するのではなく、国民が自主的に国を支えることが必要であるとの認識である。そして、「万機公論に決すべし」という理念にもとづく、新しい国のあり方を模索してゆく。

自由民権派の勃興と転向

しかし実際に新政府が動き出すと、政権を運営したのは倒幕の主役である薩摩、長州、土佐、肥前各藩、とりわけ薩長の出身者であった。他藩出身者は冷遇され、「万機公論に決すべし」とはならなかったのである。

このため、旧士族たちに「有司専制」(一部の権力者が権力を独占し政治を行うこと)への不満が高まり、大久保利通がその象徴的存在となった。土佐藩出身の板垣退助や後藤象二郎は参議を辞して下野し、自由民権運動を進めた。一部の特権階級だけではなく、豪農や市民などを政策決定に参加させるための運動であった。自由民権運動は全国に広まった。

新政府は急激に近代化政策を進めたが、十分な財源はなかった。さらに明治十(一八七七)年の西南戦争で、膨大な戦費を費やした。このため多額の不換紙幣を発行して急場をしのいだ。だが、これは江戸時代の藩札のようなもので、通貨としての信用は低かった。当然ながらインフレとなり物価は上昇した。

財政を安定させるべく、明治政府は極端な歳出の切り詰めと増税をおこなった。深刻な打撃を受けたのは、当時の主産業である農業だ。農作物の価格は下落し、農民は困窮した。自作農が小作人になり、あるいは仕事を求めて都市に流入した。

政府に対する不満の受け皿となった自由民権運動は過激化し、明治十五年の福島事件や十六年の高田事件などの武装蜂起が続いた。自由民権運動に連なる騒擾で最大のものが、明治十七年の秩父事件だ。この時点では、天皇制は盤石とはとうてい言いがたかった。

求心力を失った自由党は明治十七年に解党した。ただ、板垣や後藤は政府を転覆させるつもりはなかった。二人は明治十五年末から翌年にかけて欧州に外遊したが、資金の出所は三井で、斡旋したのは長州閥の井上馨だったことをみても、それは明らかである。外遊した板垣は、自由民権運動の本場とも言うべきフランスに渡り、同国の激しい政治対立、社会の不安定さを実感した結果、フランスよりイギリスに学ぶべき、と主張するようになった。こうした板垣の行動の変容を「転向」と批判することは、適切ではないだろう。

同じく民権派の言論人だった徳富蘇峰の論の変化も、一種の「転向」とみることが可能だ。明治二十三年に「國民新聞」を創刊した蘇峰は、国家による言論抑圧を厳しく批判した。個人の自由、平等を基礎として先進国の文化を取り入れようとする「平民的欧化主義」の旗頭であった。

だが、日清戦争が近づくにつれ、蘇峰は次第に国権派に転じ、國民新聞の社説でも戦争支持の論を繰り広げるようになった。帝国主義の生々しさが戦争というかたちで現実の姿になったとき、自由民権の旗を掲げていた運動家の多くが、いとも簡単に国権派に呑み込まれて行ったのである。これも一種の転向とみなすことができる。

予防拘禁して転向を促す

時代は飛んで大正時代、社会主義勢力の高まりに危機感を覚えた政府は大正十四（一九二五）年、結社の自由、思想の自由を否定する治安維持法を成立させた。この時点では「国体変革又は私有財産制度の否認」に対する最高刑が懲役十年であった。だが、第一次共産党は解散に追い込まれたものの、大正十五年には第二次共産党が結成された。

弾圧しても盛り返す共産主義勢力の状況を重くみた田中義一内閣は昭和三（一九二八）年、治安維持法を改正した。罪を「国体変革」と「私有財産制度の否認」に分け、前者の最高刑が死刑となったのだ。さらに昭和十六年三月、第二次近衛文麿内閣は治安維持法をふたたび改正し、「予防拘禁」を盛り込んでいる。同法第三十九条にはこうある。

「第一章ニ掲グル罪ヲ犯シ刑ニ処セラレタル者、其ノ執行ヲ終リ釈放セラルベキ場合ニ於テ、釈放後ニ於テ更ニ同章ニ掲グル罪ヲ犯スノ虞《おそれ》アルコト顕著ナルトキハ、裁判所ハ検事ノ請求ニ因《よ》リ本人ヲ予防拘禁ニ付スルノ旨ヲ命ズルコトヲ得」

つまり、刑期が満了になっても、検事が「こいつは危険だ」と判断して裁判所に申請し、それが認められれば、引き続き拘禁することができるという内容だ。

戦時下、日本に司法の独立性はなかった。事実上、政府の代弁者である検事が「この人物はまた同じような活動をする可能性がある」と考えた場合、それが通ってしまう。転向しないかぎり、死ぬまで獄中に留め置かれるという仕組みが出来上がったのである。

予防拘禁制度の導入は、共産主義活動家の転向を促すことに絶大な効力を発揮した。どんな超人でも、転向しなければ死ぬまで獄中生活となれば、生きる気力を失ってしまう。

そして、そんな活動家たちの背中を最後に押すことになったのが、佐野学・鍋山貞親の獄中転向声明書だったのである。

陸軍の尖兵となった社会大衆党

転向という観点において、共産党以外の無産政党の動きも無視できない。

その代表例として、社会大衆党がある。昭和七（一九三二）年、複数の無産階級勢力を糾合するかたちで結党された社会大衆党は、立憲政友会と立憲民政党が二大政党である中、唯一の合法的無産政党であった。

ところが社会大衆党は、次第に国家社会主義的な色合いを帯びて行く。そして陸軍統制派を〝革新勢力〟とみて、軍部にすり寄っていくのだ。

とりわけ昭和九年、陸軍省新聞班が『国防の本義と其強化の提唱』（陸軍パンフレット）を発行した際の動きが興味深い。

「陸軍パンフレット」を作成したのは統制派の将校たちだった。「たたかひは創造の父、文化の母である」との一文で始まっている。国防こそが最大の価値をもつとし、国防のためには国家財政、経済、外交、政略、国民教育について根本的な改革を断行し、すべてを国防目的のために組織統制して一元的に運営しなければならないと提唱する、いわば軍主導による国家社会主義を訴え、計画経済の採用を政府に迫ったものだが、その理論の屋台骨はほとんど北一輝の「日本改造法案大綱」に依拠していた。

草案を作ったのは池田純久少佐らだったが、永田鉄山軍務局長の承認、林銑十郎陸軍大臣の決裁を得ていたことが問題視された。これは軍事ファシズムだとして、政党政治家たちは危機感を強め、国会で林陸軍大臣らは釈明に追われた。

ところが、こともあろうに反体制派であるはずの社会大衆党は「陸軍パンフレット」を支持したのだ。とくに書記長の麻生久を中心とする旧日本労農党系のグループは、親軍部の傾向が強かった。昭和十二年の総選挙で社会大衆党は第三党に躍進すると、「国体の本義」を支持する綱領を制定。さらにその翌年の党大会では、全体主義を原則とする新綱領にしたのである。

軍部との関係はさらに強化された。昭和十三年に国家総動員法の審議が始まると、民政党の斎藤隆夫らが反対の論陣を張る中、社会大衆党の浅沼稲次郎（戦後に社会党委員長、のちにテロに倒れる）が賛成の立場から質問に立っている。斎藤が昭和十五年二月に「反軍演説」をしたことで懲罰動議にかけられると、麻生は党内の反対派を除名して親軍部の立場をより鮮明にした。そして同年七月、社会大衆党は自発的に解散し、先頭を切って大政翼賛会に合流した。

社会大衆党は、いわば軍部の尖兵となったのである。

共産党幹部の転向には、それなりの思想的な懊悩があったことが窺える。もちろん、それが良いとか悪いとかを私は論じる立場にはない。ただ、自身が信じてきた共産主義を捨てることに煩悶した者は多くいた。それは真剣な思想的葛藤だった。

対照的に、社会大衆党は無産政党としての出発点を顧みず、みずから率先して軍部と癒着した。そこには真剣に思想と向き合った形跡がまるでない。戦後、社会主義を掲げる勢力には根源的に一種の胡散臭《うさんくさ》さがつきまとっていたが、その源流はこのあたりにある。

戦後に復活した社会主義勢力

敗戦前後、機を見るに敏なグループは、社会主義政党の復活に向けて動き始める。

昭和二十（一九四五）年八月上旬には、戦争終結の動きを察知した旧社会大衆党の片山哲、原彪《ひょう》らが密かに集合。同じく社会大衆党にいた西尾末広は、玉音放送を聞くなり「これからは俺たちの時代がやってくる」と直感し、銀行から現金二千円を引き出し、荷物をまとめて上京した。

西尾は鵺《ぬえ》のような政治家だった。小学校卒業後に工場労働者から身を起こした叩き上げで、各地の工場を転々としながら労働争議を指導・煽動して頭角をあらわした。三十代のときに社会大衆党の結成に参加し、昭和三年の第一回普通選挙で初当選した。

しかし、次第にその本性を露わにし始める。国家総動員法を強く支持し、昭和十三年、近衛文麿首相を「ヒトラーのごとく、ムッソリーニのごとく、あるいはスターリンのごとく、確信に満ちた指導者たれ」と激励したほどの国家社会主義者であった。

スターリンを称揚した発言が問題視されて国会議員を除名されたが、翌年の選挙で復活。また、斎藤隆夫の反軍演説の際には懲罰動議に反対して党を除名されたが、昭和十七年の翼賛選挙で復活する。一方で、東條英機内閣の倒閣運動にも密かに関わっていたため、塞翁が馬で戦後の公職追放を辛くも免れた。社会主義者としての思想的バックボーンはほとんどなく、機を見るに敏なオポチューニストとしての才覚だけで生き残ってきた。

戦中・戦後の混乱期を巧妙に立ち回った西尾は、銀行から引き出した現金二千円を手に、社会大衆党の代議士だった水谷長三郎や河上丈太郎らかつての仲間を訪ね歩き、社会主義勢力の糾合に動く。

一方、新たな人材も合流した。その一つが、経済官僚たちである。昭和十四年から十六年にかけて、企画院の官僚たちは計画経済に関心を持ったが、それが左翼運動に関与しているとして多数検挙された「企画院事件」が発生した。その首謀者の和田博雄や勝間田清一らが入党した。彼らは社会主義経済への希望をもっていた。さらに外交官の一部ものちに合流した。枢軸国中心の外交に違和感を抱いていた曾禰益《そねえき》、森島守人《もりと》らである。

呉越同舟、同床異夢での出発

こうして昭和二十（一九四五）年十一月二日、日本社会党が結党された。書記長には片山哲が就任し、常任委員会には十名が名を連ねた。結党時のおもな最高幹部とその来歴は、以下の通りである。

【右派】

片山哲（社会民衆党→社会大衆党→除名→同交会）
西尾末広（社会民衆党→社会大衆党→興亜議員同盟）
浅沼稲次郎（農民労働党→日本労農党→社会大衆党）
河野密《みつ》（日本労農党→日本大衆党→全国大衆党→全国労農大衆党→社会大衆党）
杉山元治郎（日本農民組合→労働農民党→全日本農民組合→全国農民組合→全国労農大衆党）
水谷長三郎（労働農民党→労農大衆党→全国大衆党→社会大衆党）
平野力三（日本農民党→日本大衆党→日本国家社会党→皇道会）

【左派】

鈴木茂三郎（無産大衆党→日本大衆党→東京無産党→労農無産協議会→日本無産党）
加藤勘十（日本労農党→日本無産党）
黒田寿男（東京無産党→全国大衆党）
野溝勝（社会民衆党→全国労農大衆党→社会大衆党）

最高幹部たちは大まかに右派と左派に分けられるが、来歴を見てもわかるように、戦前から離合集散を繰り返していた。そして戦後も社会党という同じ旗の下に結集したものの、肝心の社会主義に対しての理解や距離は全く違っていた。共産主義に近い思想を持つ者もいれば、国家社会主義に近い者もいた。まさに呉越同舟の船出だったのである。

あやしげな結党資金の出所

いかに社会党内の思想状況がバラバラだったかは、天皇に対する認識からもわかる。

第一回全国党大会で発表された綱領では、天皇制については一言も触れていない。そればかりか大会前の準備会では、浅沼稲次郎が「国体護持」を主張していた。また、戦前は農民運動で活躍したキリスト教徒の賀川豊彦が「天皇陛下万歳」の音頭をとる一幕もあった。社会主義を標榜する政党とは思えない状況である。

　結党資金の出所も、およそ社会主義らしくなかった。尾張徳川家当主で貴族院議員の徳川義親は、戦前から篤志家として知られ、バイオリン奏者の諏訪根自子《ねじこ》をはじめ様々な学者や芸術家のパトロンとなってきた。一方で徳川は「革新貴族」の一面もあり、政治活動にも資金提供をしてきた。その徳川が社会党の結党資金を準備したのである。

　それは以下のようないきさつだったという。昭和六（一九三一）年三月、陸軍参謀本部の橋本欣五郎ら「桜会」のメンバーが、国家主義者の大川周明や清水行之《こうの》助《すけ》らとともにクーデターを画策した。いわゆる「三月事件」である。その際、資金提供したのが徳川だった。だが、徳川は途中でクーデター計画を思いとどまるように関係者を説得し、資金を引き揚げてしまう。資金は宙に浮いたが、戦後、清水を通じて社会党に流れたという。

　そんな社会党だが、追い風があった。戦後、国民生活は窮乏し失業者が続出した。食糧不足も深刻で、インフレが進んだ。こうした事態に、保守の幣原《しではら》喜重郎内閣と第一次吉田茂内閣はなすすべがなかった。

　また、ＧＨＱは選挙制度も大きく変えた。敗戦まで有権者は二十五歳以上の男性に限られたが、昭和二十年には二十歳以上の男女に拡大された。有権者数は大正十四（一九二五）年は千二百四十一万人だったが、昭和二十年には三千六百八十八万人と約三倍に増えた。社会主義政党への期待はいやがうえにも高まった。

敵は「党内左派」

　そして昭和二十二（一九四七）年四月二十五日、衆議院選挙が行われた。社会党は衆議院で百四十三議席を獲得し、日本自由党（百三十一議席）、民主党（百二十四議席）を抑えて第一党となった。社会党、民主党、および三木武夫（後の自民党総裁、首相）がいた国民協同党は連立政権を作り、片山哲が首相の座に就いた。戦前、社会主義者はずっと日陰者で弾圧の対象とされていたのが、ついに最高権力を掌握したのだ。

　しかし、早くも社会党は第一の試練を迎える。このとき党内にはすでに右派と左派の深刻な対立が芽生えていたのである。

　最初の挫折は「炭鉱の国有化」だった。統制経済で石炭を効率的に活用しようという社会主義政党ならではの政策を片山内閣は進めたが、産業界は猛反発した。与党内にも反対論が渦巻いた。片山はGHQの後押しを受け、国有化が他の基幹産業には及ばないことを民主党に約束し、何とか可決成立したが、三年の時限立法になるなど骨抜きとなった。

次の挫折は公務員の賃上げ問題だった。鉄道運賃や郵便料金などを値上げして、それを財源に公務員の賃金引き上げを目指した。だが、左派の重鎮である鈴木茂三郎が猛反発した。働き手の大半を占める民間人の懐が犠牲になるためだ。衆院予算委員会委員長を務めていた鈴木は予算案を通さず、結局法案は潰れた。

結局、片山内閣は昭和二十三年二月に総辞職した。わずか九カ月の短命内閣だった。

その後、三党連立を維持して民主党の芦田均を首相とする内閣が発足した。だが、昭和電工事件が発覚し、わずか七カ月で総辞職した。こうして社会党は野党に転落した。

講和と安保をめぐって左右分裂

社会党にとって第二の試練は、昭和二十六(一九五一)年のサンフランシスコ講和条約であった。

その前年に始まった朝鮮戦争で、アメリカは日本の戦略的価値を再認識した。占領を終わらせて日本を西側陣営に組み込むためには、国際法上交戦状態にあった国々と講和を結ばせなければならない。

そこで問題になったのが、ソ連や中国を含む全連合国陣営と講和する「全面講和」と、アメリカだけとの「単独講和」のどちらを選択するかだった。

第三次吉田茂内閣は「単独講和」を選び、日米安全保障条約を結んだ。国内に米軍基地を提供し、独立後の安全保障をアメリカに依存する外交政策だった。それはソ連をはじめとする社会主義陣営と対立する立場を選択したことを意味した。

この時、社会党内は三派に割れた。

①**二つの条約（サンフランシスコ講和条約、日米安保条約）に全面的に賛成する。**

②**講和条約は受け入れるが、安保条約には反対する。**

③**二つの条約とも反対する。**

右派の西尾派は①だった。同じく右派だが浅沼派は②の立場、そして鈴木ら左派は③であった。党の方針を決める中央執行委員会が昭和二十六年十月一日から開かれ、大混乱となった。採決の結果、十六対十四の僅差で②に軍配が上がった。

それを受けて同年十月二十三〜二十四日、臨時党大会が開かれた。

左派は両条約反対を訴え、当時の東西両陣営に属さないことが国益にかなうと主張した。

右派は、両条約反対は非現実的で、共産党の戦略に乗せられているなどと反論した。ついには左派の鈴木が「我々は平和を守るために講和条約と安保条約に強く反対する」と壇上でぶち上げた。これに対し右派の浅沼は「講和条約に賛成、安保条約には反対」との声明を発表した。会場には怒声が飛び交い、殴り合いもあった。社会党はもはや政党の体をなしていなかった。

十月二十四日、社会党は右派社会党と左派社会党に分裂した。右派の衆院議員は三十人、参院議員が三十人で、左派はそれぞれ十六人と三十一人と、議員数では右派が優勢だった。国会審議では、左派が従来の主張通り講和条約、安保条約の両方に反対し、右派は講和条約に賛成、安保条約に反対した。

結局、与党自由党などの賛成多数で両条約とも批准され、翌昭和二十七年四月二十八日に発効したのは周知の通りである。

もし日本が③を選択していたら、独立は実現しなかった。ここに社会党の教条主義の欠点が集約されている。原理原則を外れてはならない、という自己陶酔、自己催眠術である。国民のため、国家のために「主体的自己変革」をし、百点満点でなくとも現実的でよりよい方向に進む——という政治の要諦をまったく理解していなかったとも言える。

ふたたびの同床異夢

しかし、そんな社会党にも三度目のチャンスが巡ってくる。

日本が独立を回復した後、自由党の吉田茂は次第に求心力を失った。公職追放されていたライバルの鳩山一郎や石橋湛山、岸信介が公職追放を解除され、続々と政界に復帰した。鳩山は戦後、自由党結成の中心人物だったが、公職追放後に総裁の地位を吉田に譲っていた。ところが政界に復帰すると自由党を離党して日本民主党を結党したのだ。これによって保守勢力が分裂した。さらに鳩山は「憲法改正」「再軍備」をスローガンに掲げた。

これによって、「逆コース」（戦前回帰）への危機感が国民の間に高まった。

そうした保守勢力への批判の受け皿として、左右の社会党に票が集まったのだ。昭和三十（一九五五）年二月の総選挙では左派が八十九議席、右派は六十七議席を獲得。計百五十六議席は、与党日本民主党の百八十五議席には及ばないものの、自由党百十二議席を大きく上回っていた。

同年十月、左右両派は四年ぶりに再統一を果たした。背景には、保守政党の統一が見込まれる中、革新政党も再結集すべきとの共通認識があった。再統一の過程では、安全保障問題や党のあり方を巡って以前と同じく激論が交わされた。しかし右派も左派も、「アメリカ一辺倒ではなく、東西主要各国と集団安全保障条約を結ぶことで安全保障を図る」という点では一致していた。

もっとも、東西冷戦下では、それは空想論であった。

空想論でも一定の支持があったのは、国民に「軍国主義の記憶」がまだ生々しく残っていたからだ。この頃の社会党は、その記憶を集票化していたともいえる。空想論でも、スローガンとして高く掲げてさえいれば、それなりの議席は確保できたのだ。だがそれは、戦争の記憶が薄れるにつれ、社会党の支持基盤が揺らぐことをも意味していた。

そしてまた分裂へ

社会党の再統一からわずか一カ月後の昭和三十（一九五五）年十一月、日本民主党と自由党が合流して自由民主党が結成される。

のちに総裁に就任した鳩山一郎は、首相としてソ連との国交回復に動いた。昭和三十一年十月には日ソ共同宣言が締結され国交は正常化した。ソ連はそれまで拒否していた日本の国際連合加盟を認め、日本の悲願だった加盟が実現した。自民党は社会党のお株を奪うかのように、左にウイングを伸ばし党勢を拡大させていったのである。

一方の社会党はいわば過去の遺産を食い潰しながら、内部では右派と左派が不毛な理論闘争と支持母体の利益を代弁するご都合主義を続けていた。左派の中には、政権奪取後はプロレタリア独裁を目指して、日本を一気呵成に社会主義国に変貌させると公言する者もいた。この主張はほとんど共産党と変わらない。だが、西尾末広ら右派は反共であり、社会党政権になっても反対派の政治活動は認める立場だった。

左派は西尾派を攻撃した。それは憎悪に近い罵倒だった。昭和三十四年九月の第十六回党大会では、左派の代議員が西尾除名決議案を提出した。離党した西尾は翌年一月に民主社会党（民社党）を結成し、衆院議員四十人と参院議員十七名が参加した。社会党は再び分裂したのである。初代委員長には西尾が就任した。

折から、自民党の岸信介内閣は日米安保条約の改定を目指していた。社会党など革新勢力側は「アメリカの世界戦略に組み込まれる」と危機感を示し、安保改定反対運動を進めた。デモ隊が国会を取り巻き、さらには全国にも及んだ。激しい反対運動が展開され、東大の女子学生・樺美智子《かんば》が死亡したことでさらに反対運動は燃え広がった。

六〇年安保は、社会党にとっては新たな支持層を開拓し、旧来の教条主義から脱皮する絶好のチャンスでもあった。ところが、社会党のエネルギーは終始党内抗争に費やされていた。政党としての責任感の欠如は否めなかった。

結局、岸内閣は昭和三十五年五月十九日、強行採決で新安保条約を成立させた後に総辞職した。

「安全弁」としての社会党

保守、革新とも合同を果たした昭和三十（一九五五）年以降の政治状況は「五五年体制」と言われる。この時代を、自民党と社会党の「二大政党制」が実現されていたとみる向きも政治学者の一部にはある。しかし、実際には社会党の勢力は最大でも国会全体の三分の一に止まっていた。また、政権交代は一度も実現されていない。

とはいえ、約三分の一の勢力を三十年以上も維持したことは注目に値する。

では、なぜ社会党に一定の支持が続いたのか。

実際の選挙活動では、労働組合の支援が大きかった。ただ、それだけではなかった。社会党の最盛期を見てきた私の実感としては、社会主義の総本山だったソ連への憧憬がひとつの要因としてあったように思う。マルクス主義を実践する国家は素晴らしいという幻想が、とくに知識人の中にあった。その幻想が、社会党にも投影されていたのである。

さらに踏み込むなら、社会党は戦後日本人の心理的な「安全弁」だったと言えるのかもしれない。「労働者よりも資本家の利益を優先する自民党にすべてを任せていたら、戦前に戻ってしまう」と不安視する市民にとって、社会党は「護憲、戦争反対を主張している政党だから」という期待を寄せられる、最後の避難所でもあった。私たちは社会党を支持することによって、心理的な充足感、安心感を得ていたと言える。

また、一部の知的エリートたちにとっては、社会党を支持することによって「自分はインテリだ」「利益誘導型の自民党の支持者たちと自分は違うのだ」という自己確認、自己満足を得られたともいえる。そうした歪んだエリート意識も社会党を支えていた。また、社会党の側もそれに甘えていた。

社会党が労組や一部インテリの支持だけでなく、さらに広汎な支持を集めていれば、自民党の対立軸となり、本当の「二大政党制」が確立したのかもしれない。

「江田ビジョン」潰し

社会党内部にも教条的な社会主義政党からの脱皮を目指す動きがあった。たとえば江田三郎の「構造改革論＝江田ビジョン」である。

明治四十（一九〇七）年、岡山県の製麵所に生まれた江田は、東京商科大学（現・一橋大学）でマルクス経済学を学んだ後、地元の農民運動の指導者となった。全国大衆党に入党し、岡山県議となるも、労農派らが一斉検挙された昭和十三（一九三八）年の第二次人民戦線事件で検挙された。服役後は中国に渡ったが、戦後に帰国し、社会党結党に参加。社会党内では左派の理論家として頭角をあらわした。昭和三十五年には書記長に就任した。

昭和三十七年に江田が提唱した構造改革論は、アメリカの経済的な豊かさ、ソ連の社会福祉、イギリスの議会制民主主義、そして日本の平和憲法の四つを人類の到達目標とし、日本社会はその四つを目指すべきというものだった。社会主義一辺倒だったそれまでの社会党にはない、新鮮かつ魅力的なものだった。これは「江田ビジョン」と呼ばれた。

ところが、離党した西尾末広が江田ビジョンを支持したことで風向きが変わってしまう。それまで江田を支持していたはずの党内左派が「改良主義」などと罵詈雑言を浴びせて潰そうとしたのだ。とくに労農派の牙城である社会主義協会は、その理論的立場から江田を激しく批判し、党内左派の幹部も江田に人気が集まることで自分たちの立場が揺らぐことを危惧し、攻撃に加わった。それは江田に対する人格攻撃にまで発展した。

昭和陸軍の地下水脈が社会党に流れ込む

こうした社会党の体質は、昭和陸軍の青年将校たちがもっていた硬直した体質とあまりにも酷似している。

社会主義協会に所属する若手が、自らの思想を「絶対善」と信じていた様子は、陸軍青年将校の姿と二重写しになる。両者ともその独善性、排他性のゆえに、他者への寛容や妥協、さらには討論による相互の納得などの姿勢を一切持たなかった。自己陶酔の姿勢がいかに不毛であるかを、両者ともまったく認識していないのだ。

さきに述べたように、戦前の社会大衆党は途中から急速に国家社会主義に傾倒するようになり、陸軍統制派と親和性があった。昭和陸軍に流れていた地下水脈が、社会大衆党を通じて戦後の社会党にも流れ込んだのではないかとの感がしてならない。

一方の自民党には、特定のイデオロギーはない。「何が何でも与党であること」が〝思想〟となっている。政権維持のためには昨日の敵とも手を結び、良くも悪くも原則にこだわらず、融通無碍《ゆうずうむげ》である。ここに、自民党が長く一強の地位を占める理由の一つがある。おそらくそれは日本人の特性でもあろう。

また自民党は内部に「党内野党」とも言うべき対立軸があった。たとえば親米の吉田茂内閣に対し、ソ連との国交回復を目指す「自主外交」の鳩山一郎内閣があった。国権主義の岸信介の後は、軽武装・経済重視の池田勇人《はやと》が首相の座に就いた。面白みのない堅物のイメージがあった佐藤栄作の後は、「今太閤」の田中角栄の時代となった。そして角栄が「金権政治」で批判を浴びた後は、「クリーン」イメージの三木武夫が後継となるといったように、自民党内には政策や思想の選択肢が複数あるかのような印象を国民に与え続けた。そのため、「党内政権交代」と呼ばれるシステムが長らく続いてきた。

戦争の記憶も徐々に薄らぐ中、社会主義を標榜する政党の支持基盤は着実に揺らいでいった。しかし社会党は教条主義的なイメージを拭《ぬぐ》うことができなかった。時代の流れを見誤り、長年党内で路線対立を繰り広げていた社会党は自民党の保守政治の対立軸となる力量に欠けていた。

「臣民」の地下水脈

平成元（一九八九）年には土井たか子委員長のもと、参院選で躍進するなど一時的な党勢復活をみせた。しかしソ連の崩壊を受け、社会党の衰退に拍車がかかった。行き着いた先が平成六年の「自社さ連立政権」である。

社会党は、良くも悪くも資本主義の矛盾を克服する社会主義を看板にして活動し、保守の自民党と闘ってきたはずだ。その社会党があっさりと方針転換し、自民党と組んだ時点で党の存在意義は消える。戦後史の汚点ともいうべきものであった。

この「転向」について、社会党が何らかの自己批判なり思想の検証をした形跡はない。もっぱらオポチューニスト的な立ち回りによって、政権入りを果たしたのである。これは自己変革とは言えない。

その後、自民党は平成二十一～二十四年の民主党政権期を除き一貫して政権の座にある。自民党の対立軸になれない野党陣営の責任は大きい。一方で、国民の側にも問題がある。政治への絶望や権力と闘うことへの疲れ、生活優先主義、「自分が何をしても政治は変わらない」という諦観などがすぐに指摘できるだろう。

この「傍観主義」は、戦前からの地下水脈――国民は自立した「市民」ではなく、あくまで「臣民」であるとする天皇制国家主義の地下水脈が今なお日本に流れているからではないかとの感がする。

昭和天皇の「自己変革」

ここまでは社会主義者、共産主義者の転向と自己変革について論じてきたが、日本の中心である天皇自身も、転向・自己変革と無縁ではなかった。

昭和二十一（一九四六）年一月一日、「新日本建設に関する詔書」が出された。

眼目は以下の部分である。

「朕ト爾等《なんじ》国民トノ間ノ紐帯《ちゅうたい》ハ、終始相互ノ信頼ト敬愛トニ依リテ結バレ、単ナル神話ト伝説トニ依リテ生ゼルモノニ非ズ。天皇ヲ以テ現御神《あきつみかみ》トシ、且日本国民ヲ以テ他ノ民族ニ優越セル民族ニシテ、延《ひい》テ世界ヲ支配スベキ運命ヲ有ストノ架空ナル観念ニ基クモノニモ非ズ」

いわゆる「天皇の人間宣言」と呼ばれるものである。ここでは「自分は神ではない」と明言しているわけではない。しかし、天皇は「朕」（＝自分）と国民を結びつけているのは、神話と伝説ではないと断言している。

また、「天皇は人間の姿である神」であり、かつ「日本国民は他の民族より優越している、世界を支配するべきである」という考えを「架空の観念」として退けている。その上で、天皇と国民とは相互の信頼と敬愛によって結ばれている、と述べたのだ。

「神」であり絶対的君主であったはずの天皇が、「人間」であり「象徴」となった。それを当時の日本国民は自然に受け入れたのである。

私は最近の若い人たちから、「これは天皇が転向したということじゃないでしょうか?」「なぜこれほど大きな変化を、当時の日本人は普通に受け入れることができたのでしょうか?」といった素朴な疑問を寄せられることがある。

もちろん、敗戦の衝撃に打ちひしがれた国民が多くいたことは確かである。だが、国家主義に染まっていた政治指導者や軍部、あるいは教条的に左翼思想に没入していた知識人層とは異なり、一般の国民の中には現実の生活に根差した感覚を持っていた者が多かったともいえる。一般国民のリアリズムは、昭和天皇の人間宣言をすんなりと受け入れたのだ。

一方、渦中の昭和天皇自身は、人間宣言をどう捉えていたのか?

本書第I巻でも触れたが、人間宣言のヒントは、先に見た「五箇条の御誓文」のなかにある。「新日本建設に関する詔書」の冒頭、明治元（一八六八）年に出された明治天皇の御誓文を引用し、その趣旨に則って「新日本ヲ建設スベシ」と断定している。維新から七十八年をへて、五箇条の御誓文が新しい天皇制の宣言として再び登場したのだ。

昭和天皇自身、人間宣言によって一番に伝えたかったのは、民主主義という思想は戦争に負けてアメリカから押しつけられたわけではなく、明治維新当初に目指すべき国家像としてもともと存在したということだと、のちの記者会見で指摘している。

「新日本建設に関する詔書」はダグラス・マッカーサー率いるＧＨＱの要請で出されたものである。この文案を練り上げるプロセスにおいて、当時の日本政府の中だけでなく昭和天皇の心の中においても、相当な葛藤があったことが窺える。

しかし、近代日本における最大の危機を、昭和天皇はしなやかに受け止めて「自己変革」を演出してみせたと私は考える。これも広義には「転向」という枠に入るはずである。「人間宣言」が、究極的には天皇制の維持につながったという視点で分析すれば、「自己変革」によって天皇は勝利した、という捉え方ができる。

これと対をなす御製の一首を紹介しておきたい。「人間宣言」が出たまさにそのとき、昭和二十一（一九四六）年一月の歌会始の御題は「松上雪」で、天皇は次のように詠んだ。

ふりつもる　み雪にたへていろかへぬ　松そをゝしき人もかくあれ

「新日本建設に関する詔書」とあわせて読むなら、こんな解釈ができるだろう。戦争に敗れたいまは他国の占領という苦難に耐えているが、そんなときでもこの国の伝統や文化を守り抜く逞《たくま》しさをもってほしいと、「松」に託して国民に呼びかけている――。
むろんこれは穿《うが》ちすぎであり、もっと虚心に読むなら、この苦しい時代の国民を単純に励ましたという解釈もまた可能である。しかし終戦の詔勅から「新日本建設に関する詔書」への流れに沿った天皇の闘いという視点で俯瞰《ふかん》すれば、解釈は一つしかあり得ない。〈私は占領下にあっても私自身の役割、存在について考えを変えるつもりはない。そのことを皆も知ってほしい。そしてこの国の伝統と文化（ナショナリズム）とを互いに強靭な精神で守り抜こうではないか。それこそいまの時代の私と皆の務めではないか〉
この御製の「人」が単に国民だけではなく、天皇自身をも指していると読むことで、そのような解釈が可能となる。つまり、天皇はあえて「人」という語を用いることで国民との一体感を披瀝《ひれき》したのではなかったかと、私には思えるのである。

主要参考文献（刊行年順）

板垣退助監修／遠山茂樹・佐藤誠朗校訂『自由党史』（上・中・下）岩波文庫、一九五七～一九五八年
林茂・西田長寿編『平民新聞論説集』岩波文庫、一九六一年
木戸幸一『木戸幸一日記』（上・下）東京大学出版会、一九六六年
参謀本部編『杉山メモ』（上・下）原書房、一九六七年
立花隆『日本共産党の研究』（一～三）講談社文庫、一九八三年
高橋紘『陛下、お尋ね申し上げます』文春文庫、一九八八年
大江志乃夫『御前会議　昭和天皇十五回の聖断』中公新書、一九九一年
吉田裕『昭和天皇の終戦史』岩波新書、一九九二年
高橋正衛『二・二六事件　増補改版　昭和維新の思想と行動』中公新書、一九九四年
司馬遼太郎『「昭和」という国家』ＮＨＫブックス、一九九九年

荒畑寒村『谷中村滅亡史』岩波文庫、一九九九年
原彬久『戦後史のなかの日本社会党　その理想主義とは何であったのか』中公新書、二〇〇〇年
保阪正康『反逆者たち　時代を変えた10人の日本人』TBSブリタニカ、二〇〇〇年
古川隆久『昭和天皇「理性の君主」の孤独』中公新書、二〇一一年
川田稔『昭和陸軍の軌跡』中公新書、二〇一一年
坂野潤治『日本近代史』ちくま新書、二〇一二年
保阪正康『仮説の昭和史　昭和史の大河を往く』（上・下）毎日新聞社、二〇一二年
坂野潤治『西郷隆盛と明治維新』講談社現代新書、二〇一三年
満川亀太郎著／長谷川雄一編『三国干渉以後　増補新版』論創社、二〇一三年
伊藤之雄『昭和天皇伝』文春文庫、二〇一四年
福家崇洋『満川亀太郎』ミネルヴァ書房、二〇一六年
保阪正康『ナショナリズムの昭和』幻戯書房、二〇一六年
浅見雅男『皇族と天皇』ちくま新書、二〇一六年
宮内庁編『昭和天皇実録　第八　自昭和十五年至昭和十七年』東京書籍、二〇一六年
宮内庁編『昭和天皇実録　第九　自昭和十八年至昭和二十年』東京書籍、二〇一六年

宮内庁編『昭和天皇実録　第十　自昭和二十一年至昭和二十四年』東京書籍、二〇一七年
吉田裕『日本軍兵士　アジア・太平洋戦争の現実』中公新書、二〇一七年
加藤陽子『天皇の歴史8　昭和天皇と戦争の世紀』講談社学術文庫、二〇一八年
坂野潤治『明治憲法史』ちくま新書、二〇二〇年
保阪正康『対立軸の昭和史　社会党はなぜ消滅したのか』河出新書、二〇二〇年
半藤一利・加藤陽子著／保阪正康編著『太平洋戦争への道　1931-1941』NHK出版新書、二〇二一年
川田稔『昭和初期　浜口雄幸の政治構想』風媒社、二〇二一年
田島道治『昭和天皇拝謁記——初代宮内庁長官田島道治の記録』（第一巻～第七巻）岩波書店、二〇二一～二〇二三年
上記以外に、当時の新聞記事等を参考にした。

保阪正康（ほさか まさやす）

昭和史研究家。1939年、札幌市生まれ。同志社大学文学部卒。編集者時代の1972年に『死なう団事件』で作家デビューして以降、一貫して日本の近現代史を検証し続け、約5000人もの歴史の証人を取材してきた。2004年、昭和史研究の第一人者として第52回菊池寛賞を受賞。主な作品に『東條英機と天皇の時代』、『瀬島龍三　参謀の昭和史』、『昭和史　七つの謎』、『昭和陸軍の研究』、『あの戦争は何だったのか』などがある。

文春新書

1487

右翼《うよく》と左翼《さよく》の源流《げんりゅう》　近代日本《きんだいにほん》の地下水脈《ちかすいみゃく》　II

2025年3月20日　第1刷発行

著　者　保阪正康
発行者　大松芳男
発行所　株式会社　文藝春秋

〒102-8008　東京都千代田区紀尾井町3-23
電話（03）3265-1211（代表）

印刷所　理想社
付物印刷　大日本印刷
製本所　大口製本

定価はカバーに表示してあります。
万一、落丁・乱丁の場合は小社製作部宛お送り下さい。
送料小社負担でお取替え致します。

ISBN978-4-16-661487-5

文春新書のロングセラー

磯田道史と日本史を語ろう
磯田道史

日本史を語らせたら当代一！　磯田道史が、半藤一利、阿川佐和子、養老孟司ほか、各界の「達人」を招き、歴史のウラオモテを縦横に語り尽くす

1438

第三次世界大戦はもう始まっている
エマニュエル・トッド　大野　舞訳

ウクライナを武装化してロシアと戦う米国によって、この危機は「世界大戦化」している。各国の思惑と誤算から戦争の帰趨を考える

1367

話す力
心をつかむ44のヒント
阿川佐和子

初対面の時の会話は？　どう場を和ませる？　話題を変えるには？　週刊文春で30年対談連載するアガワが伝授する「話す力」の極意

1435

認知症にならない１００まで生きる食事術
牧田善二

認知症になるには20年を要する。つまり、30歳を過ぎたら食事に注意する必要がある。認知症を防ぐ日々の食事のノウハウを詳細に伝授する！

1418

テクノ・リバタリアン
世界を変える唯一の思想
橘　玲

とてつもない富を持つ、とてつもなく賢い人々が蝟集するシリコンバレー。「究極の自由」を求める彼らは世界秩序をどう変えるのか？

1446

文藝春秋刊